AF642882

DER SCHOKO RIEGEL EFFEKT

JONAS DEICHMANN
ALEXANDER DOUJAK
MIT EVA MESCHEDE

DER SCHOKO RIEGEL EFFEKT

Mit einfachen Mitteln große Ziele erreichen

INHALT

VORWORT
von Dr. Alexander Doujak

Es ist Samstagnachmittag, ich blättere entspannt in einem Sportmagazin, bin fasziniert von neuen Radmodellen, innovative Trainingsmethoden werfen wieder einmal alte Theorien durcheinander, und die letzten Rennanalysen zeigen unglaubliche Fortschritte bei Athletinnen und Athleten. Mir fällt ein kleiner Kasten am Rande auf – Triathlon in Deutschland: Da schwimmt einer durch den Bodensee, radelt um Deutschland herum und liegt dann nach einem Marathon durch den Bayerischen Wald hungrig und ziemlich erschöpft unter einer Fichte. Ich bin beeindruckt, weil das so anders ist, als die glatt geschliffenen Storys der Wettkämpfe mit den immer gleichen Strecken und hundertprozentig durchgeplanten Taktiken. Ich sehe sofort in den sozialen Medien nach und schreibe eine Message an Jonas Deichmann. Am Sonntagmorgen habe ich eine Antwort aus dem Bayerischen Wald.

Das war der Beginn einer Freundschaft und der Anfang der Faszination, die das Wirken von Jonas auch für meine Rolle als Coach und Berater von Eigentümern und Führungskräften in internationalen Wirtschaftsunternehmen hat. Ich begann, seine Geschichte unter Freunden und mit beruflichen Partnern zu teilen und bemerkte ähnliche Effekte. Jonas macht intuitiv vieles richtig, er definiert und erreicht seine Ziele mit Techniken, die den unterschiedlichsten Menschen bei ihren Projekten helfen können, sei es beim Schreiben einer Doktorarbeit, sei es im sportlichen Wettkampf, sei es beim Aufbau eines Unternehmens, sei es beim simplen, aber lästigen Anfertigen der Steuererklärung.

Als ich damals die kleine Meldung über Jonas las, war er nur einem engen Kreis von Sportlern bekannt. Mittlerweile ist das anders. Zuerst war er in Mexiko als »Forrest Gump« zum Star geworden. Und nachdem er seinen 120-fachen Ironman um die Welt nach 14 Monaten in München beendet hatte, schwappte die Welle der Begeisterung aus Mexiko auch nach Deutschland und Europa über. Kaum zurück in Deutschland, war er drei Wochen lang nahezu täglich in einer Talkshow zu sehen, fast jede überregionale Zeitung und viele wichtige, auch internationale Magazine berichteten – NDR DAS!, 3nach9, SWR Landesschau, die Sportschau und das ZDF Sportstudio, um nur einige zu nennen. Außerdem FAZ, Süddeutsche Zeitung, Handelsblatt, Spiegel, Stern, Focus, Playboy und viele mehr. Insgesamt erlangte er eine Medienreichweite im dreistelligen Millionenbereich und wurde damit zu einem der Individualsportler mit der höchsten Reichweite überhaupt.

Als sein Buch »Das Limit bin nur ich« erschien, wurde es sofort zum Spiegel-Bestseller, die Erstauflage war innerhalb von ein paar Tagen vergriffen. Das Buch blieb mehrere Monate auf der Bestsellerliste und war fast durchgehend die Nummer Eins auf Amazon in den Kategorien Triathlon und Radsport. Dann kam der gleichnamige Kinofilm heraus, hatte auf dem prestigeträchtigen internationalen Dokumentarfilmfestival München im Deutschen Theater seine Premiere und lief auf der European Outdoor Film Tour als Kurzversion. Stundenlang signierte Jonas anschließend Bücher und bot unzähligen Menschen die Gelegenheit, ihn mit Fragen zu löchern.

Mittlerweile ist Jonas als Speaker sehr erfolgreich und hat in einem Jahr über 200 Vorträge in mehr als zehn Ländern gehalten, vor Start-ups, Mittelständlern, Unternehmensberatungen bis zu DAX-Konzernen auf Vorstandsebene. »Ich habe also keine kleine

Firma mehr, sondern die Situation, in der ein Start-up plötzlich explodiert. Mit all den guten Dingen und Herausforderungen«, sagte Jonas kürzlich zu mir. Was für eine Geschichte, denke ich oft voll Bewunderung. Jonas hat es geschafft, sich seinen Traum zu erfüllen. Er ist selbstständiger Profi-Abenteurer und kann davon gut leben. Wer hätte darauf gewettet?

Ich sehe Jonas als Impuls – nicht als direktes Vorbild oder Kunstfigur, der es nachzueifern gilt. Als Impuls, mich selbst zu reflektieren, Energie zu tanken und gezielt einzusetzen, meine Motivation zu stärken, mein Leben sinnvoller und eigenständiger zu gestalten. Dieses Buch ist somit kein klassischer Ratgeber, sondern eine Sammlung von Impulsen, die man für sich selbst gut nutzen kann. Wir haben seine Lebensgeschichte – oder besser: seine vielen »Geschichten des Lebens« – professionell aufgearbeitet und strukturiert. Die Geschichten von Jonas entfalten wie von selbst beim Lesen eine Sogkraft, und man sollte sie zuerst auch einfach so auf sich wirken lassen. Danach besteht die Möglichkeit, einzelne Elemente strukturiert zu betrachten und auf sich selbst zu beziehen. Deshalb habe ich jeder Geschichte aus Jonas' Leben, jeder seiner Challenges, eine Zusammenfassung der darin enthaltenen Impulse sowie hilfreiche, weiterführende Fragen angehängt. Mein pragmatischer, kurz formulierter Coach-Kommentar unterstützt beim Transfer in die eigene, individuelle Lebenswelt, die Fragen sollen als Einladung verstanden werden, die Eigenreflexion zu stimulieren.

Dieses Buch ist keine Einladung, sich in Grenzbereiche zu bewegen, sondern geht den Prinzipien nach, wie wir solche Situationen gut meistern, sollten wir an unsere Grenzen kommen, ob gewollt oder ungewollt. Man kann sich Jonas nicht einfach eins zu eins zum Vorbild nehmen, wer will und kann schon Profi-Abenteurer werden? Die meisten von uns wahrscheinlich nicht. Die Learnings, die durch Jonas entstehen, sind indirekt, da sie sich vor allem auf unsere Haltung, auf unser Mindset beziehen – die Art, wie wir selbst unser Leben gestalten und welche Potenziale in uns allen schlummern.

Und genau das macht sich dieses Buch zunutze: Wir haben Stationen, Challenges und Schlüsselmomente aus Jonas' Leben ausgewählt. An jeder dieser Geschichten lässt sich ein Aspekt veranschaulichen, der von Relevanz für uns alle ist, wenn wir mit einfachen Mitteln große Ziele erreichen wollen. So folgt auf jede Geschichte ein »Impuls«, der den Blick auf den Kern der jeweiligen Geschichte lenkt und Fragen stellt, die wir für uns individuell beantworten können.

Wichtig: Zuerst die Storys von Jonas intuitiv auf sich wirken lassen – und eventuell erst später zu den Impulsen zurückkehren, wenn man die Voraussetzungen erfüllt sieht, die Fragen für sich selbst zu beantworten. Ein weiterer Tipp: Nicht alle Impulse auf einmal bearbeiten, sondern bei der Frage starten, die einen persönlich am meisten inspiriert.

- KAPITEL 1 -

DIE SEHNSUCHT NACH ERLEBNISSEN – LERNEN, DEN EIGENEN WEG ZU GEHEN

»Das muss Glück sein.«

Der Abenteurer als Vorbild für ein erfülltes Leben

Ich habe das Bild noch genau vor Augen: Mein Opa hatte im Busch einen großen Python gefangen. Stolz legte er sich die Würgeschlange um den Hals. Eine Schlange wie Kaa, der riesige Python aus dem »Dschungelbuch«, der Mogli zu hypnotisieren versucht und später mit dem Tiger kämpft. Ich war gerade sieben Jahre alt und sehr aufgeregt, so ein Tier in der Realität zu erleben und ganz aus der Nähe zu betrachten. Der Felsenpython ist eine der größten Schlangen der Welt. Ich schätzte das Exemplar damals auf sechs Meter, aber gut möglich, dass es, vom Erwachsenenstandpunkt aus betrachtet, doch ein bisschen kürzer war. Seine in verschiedenen Brauntönen gefleckte Haut schimmerte an diesem Tag im Sonnenlicht. Und dann legte mir mein Großvater tatsächlich die Schlange über den Nacken, und zeigte mir, wie man sie fachmännisch hält. Ich spürte ihre schuppige Haut am Hals, konnte sie züngeln sehen, die schildförmige gelbe Zeichnung auf ihrem Kopf betrachten, und ihre dunklen Augen schienen mich genauestens zu beobachten. Ein Abenteuer. Welcher Junge in meinem Alter hat so etwas Cooles schon erlebt? Opa war ohnehin mein Held – und jetzt erst recht.

1994 hatte ich zusammen mit meiner Familie in den Ferien meinen Großvater in Guinea besucht. Er lebte im Dorf Filima, zirka

30 Minuten von der Hafenstadt Kamsar entfernt. Guinea in Westafrika ist ein armes Land, die meisten Menschen wohnen in einfachen runden Hütten mit Mauern aus Lehm, traditionell mit Stroh gedeckt. In den Gärten wachsen Palmen und Bananenstauden. Aber Guinea ist ausgesprochen reich an Bodenschätzen. Der Sage nach stolperte Gott bei der Verteilung von Gold, Diamanten und Edelsteinen am südwestlichen Bogen Afrikas über eine Baumwurzel und verschüttete alle seine Schätze in Guinea. Trotzdem haben die Menschen bis heute wenig von diesem natürlichen Reichtum. Ich erinnere mich, dass ich mit Vater, Mutter, Bruder und Schwester die Gegend erkundete, wir waren fischen und auch mit einem echten Einbaum unterwegs.

Mein Opa hatte sich als einziger Weißer mit meiner Stiefoma, einer deutschen Ärztin, in einem großen weißen Steinhaus mit riesigem Grundstück niedergelassen. Der Garten war ein kleiner Privatdschungel: dichter Wald. Meine Großeltern bauten viele Früchte und die unterschiedlichsten Gemüsesorten an. Zudem hatten sie neben den Schlangen auch Bienen und Hunde. Ein Paradies für mich. Und einen zahmen lustigen Affen gab es auch. Der Bursche war ziemlich schlecht erzogen, klaute alles, was er kriegen konnte, besonders gerne Geldmünzen.

»Mein Opa ist mein Vorbild für ein freies und selbstbestimmtes Leben.«

Als Schiffsbauingenieur und Experte für Polyester hatte mein Opa mit 50 Jahren seinen Job gekündigt, um die Welt zu sehen. Er ließ alles zurück. Mit seinem VW-Bus fuhr er bis an die Elfenbeinküste – allein durch die Sahara, die ich später bei meiner Cape-to-Cape-Tour mit dem Rad durchqueren sollte, was zu einer meiner härtesten Touren wurde. Ursprünglich wollte er an der Küste ein Boot bauen und weiter segeln, ist dann aber dort aus irgendeinem Grund hängen geblieben, lebte im Busch, um später ins Nachbarland Guinea zu ziehen. Er arbeitete mit Polyester, in Wiederaufforstungsprojekten und wurde schließlich Schlangenfänger. Die giftigen Tiere wurden von den Einheimischen meist getötet, er kaufte sie ihnen jedoch lebendig ab und hielt sie dann bei sich. Das Serum der Schlangen verkaufte er an Forschungsinstitute. Für mich war es schon als Kind eine absolut faszinierende Vorstellung, einmal ein so freies und außergewöhnliches Leben wie mein Opa zu führen. Er ist nicht den geraden, konventionellen Weg gegangen, sondern hat sich seinen ganz eigenen gesucht. Das muss Glück sein, dachte ich schon als Kind.

Was soll einmal auf deinem Grabstein stehen? Auf diese Frage antworte ich: »Er hat sein Leben gelebt.« Man lebt eben nur einmal und muss das Beste daraus machen. Dazu gehört, dass man möglichst viel von der Welt sieht und Dinge tun kann, für die man brennt. Wenn ich alt bin, will ich sowohl auf viele kleine Momente zurückblicken können, als auch auf große Abenteuer und eine ausgefüllte Zeit. Auf keinen Fall will ich später das Gefühl haben, dass ich etwas versäumt habe. Ein Gefühl, das mein Opa bestimmt nicht hatte.

IMPULS 1

Jonas ist fasziniert von der Welt seines Großvaters. Sie weckt seine Sehnsucht nach Abenteuer und zeigt ihm, dass man erfolgreich eigene Wege gehen kann.

Im Kapitel »Das Abenteuer-Vorbild« werden zwei Aspekte angesprochen, die zur Selbstreflexion anregen können: erstens Prägungen aus der Kindheit und zweitens der Aspekt Selbstbestimmtheit.

1. Menschen, Situationen, einschneidende Ereignisse, das Umfeld, in dem sich der Mensch bewegt: Prägungen aus der Kindheit, positiv oder negativ, können sehr bestimmend für das weitere Leben sein. Solche Erinnerungen sind starke Bezugspunkte, auf die sich unsere Gedanken immer wieder beziehen. Allerdings erinnern wir uns nicht an Geschehnisse und Erlebtes, sondern an unsere Erinnerungen. Wir interpretieren das Erlebte für uns. Darin liegt eine große Chance, denn Prägungen sind nicht statisch, sie entwickeln sich, wir können sie ständig weiterinterpretieren. Der Philosophie-Professor und systemische Therapeut Varga von Kibéd weist darauf hin, dass es nie zu spät ist, eine glückliche Kindheit gehabt zu haben. Damit meint er, auch das Erleben schwieriger Situationen kann sich im Nachhinein als Glück herausstellen, weil wir erkennen, dass sie für das spätere Leben sehr wichtig sind. In diesem Sinne sind wir nicht dafür verantwortlich, was uns widerfährt, aber dafür, was wir daraus machen. Hier liegt die Chance für jeden und jede. Auch ohne das Vorbild eines Großvaters oder die behütete Umgebung eines typischen Mittelschichtskinds können wir uns an die Kinder- und Jugendzeit so erinnern, dass sie uns Stärke gibt. Jeder muss seine

eigenen Helden finden. Und der »verrückte« Opa in Afrika ist sicher auch nicht für alle als Vorbild geeignet. Es ist unsere ganz persönliche Wahl.

2. Das Maß an Selbstbestimmtheit: Sich als selbstwirksam zu erleben, ist einer der wesentlichen Hebel für die eigenständige und erfüllende Gestaltung des Lebens, das bestätigen zahlreiche Forschungen. Wir empfinden unser Leben als sinnvoll, wenn wir es auch selbst gestalten können. Das ist in Jonas' Geschichte sehr anschaulich dargestellt. Der Großvater hat sich zum Meister seines ganzen Glücks gemacht. Dabei haben ihn gesellschaftliche Konventionen so wenig interessiert wie eine anerkannte Karriere. Ein Gefühl für die eigenen Freiheits- und Gestaltungsräume zu entwickeln, sich auf diese Räume zu besinnen, mutig, nach vorne gerichtet das eigene Leben zu gestalten, dazu inspiriert diese Geschichte.

Hilfreiche Fragen

Welche Lebensgeschichten oder Figuren beeindrucken und faszinieren mich? Welche Vorbilder hatte ich als Kind und welche habe ich heute?

....

....

....

....

....

....

....

Welche Menschen haben mich mit ihrer Haltung beeinflusst?

....
....
....
....
....
....
....

Welche Menschen in meinem Umfeld haben »ihr Leben gelebt« und ihre Gestaltungsräume gut genutzt?

....
....
....
....
....
....
....

Was heißt für mich: Ich lebe mein Leben?

....
....
....
....
....
....
....

In welchem Ausmaß »lebe ich MEIN Leben« (in einer liebevoll-kritischen Selbstbewertung auf einer Skala von 1-10, was spricht für den Wert, was fehlt für die 10)?

1 — 2 — 3 — 4 — 5 — 6 — 7 — 8 — 9 — 10

....

....

....

....

....

....

....

....

Welche Sehnsüchte oder welche Träume lasse ich bei mir noch zu? Welche haben sich im Laufe der Zeit aufgelöst?

....

....

....

....

....

....

....

....

Mindset des Sportlers – Disziplin wird Gewohnheit

Mein Vater erzählt diese kleine Geschichte heute noch mit Begeisterung: »Jonas ist mehrmals in der Woche zu seinem Radtraining gefahren, obwohl die Vereinsbasis 20 Kilometer von unserem Zuhause entfernt lag und es zwei Berge dazwischen gab. Er radelte also jedes Mal 40 Kilometer zusätzlich zum Radtraining.«

Als Kind und Jugendlicher war ich begeisterter Rennradfahrer. Ich hatte viele Sportarten ausprobiert, Eishockey, Squash und Handball, dann aber meine Leidenschaft für das Rennradfahren entdeckt, nachdem mein Vater und mein Bruder damit begonnen hatten.

Heute denke ich, dass ich die Disziplin, die ich bei meinen Langstreckenabenteuern brauche, damals erworben habe. Denn wenn man, wie ich bei meiner jüngsten Weltumrundung, 27 000 Kilometer zurücklegen will, dann muss man konstant sehr diszipliniert sein. Ich musste laufen, obwohl die Beine schmerzten, auch mit Lebensmittelvergiftung auf das Rad steigen oder durch die Adria schwimmen, obwohl ich kein Schwimmer bin. Ausreden gelten nicht – das lernt man im Radtraining. Es ist eine sehr disziplinierende Sportart.

Wenn man die passende Sportart gefunden hat, dann fällt es leichter, intensiver zu trainieren. Und schließlich wird das regelmäßige Training selbstverständlich, es wird zum Alltag. Beim Radtraining hat man schon im Jugendbereich knallharte Trainingspläne. Im Sommer fährt man nur Rad, sechs Tage die Woche, bis zu sechs Stunden am Tag, zwei Rennen am Wochenende. Im Winter gibt es jeden Tag etwas anderes: Laufen, Fitness- und Radtraining wechseln sich ab. Wenn ich von der Schule nach Hause kam, aß ich zu Mittag und schwang mich auf mein Rad. Ich dachte nicht darüber nach, ob ich nachmittags lieber etwas anderes tun würde. Chillen oder mit der Playstation abhängen, lockte mich nicht. Dass ich über zwei Berge zum Training fahren musste, gefiel mir, denn sonst waren wir eher auf flachem Grund unterwegs, und mir machte das Auf und Ab mehr Spaß. Außerdem liebte ich es, draußen in der Natur zu sein, und wir lebten zu der Zeit im wunderschönen Schwarzwald. Bereits damals wurde ich zu einem guten Bergfahrer – der wichtigste Baustein für spätere Ultradistanzen.

Ein derart diszipliniertes Training über Jahre prägt fürs Leben. Es ist eine positive Gewohnheit, die man im Alltag etabliert und die man nicht missen mag. Für mich war es selten eine Pflicht. Niemals hätte ich einen Fernsehnachmittag dem Training vorgezogen oder einen Schnupfen vorgeschoben, um nicht fahren zu müssen. Und ich fuhr auch lieber Rad, als Party zu machen. Der Sport stand immer an erster Stelle für mich und ist so zu meinem Lebensinhalt geworden. Ich muss immer in Bewegung sein, brauchte diesen Ausgleich früher zur Schule und später zum Studium und brauche ihn heute ganz besonders als Gegengewicht zu meiner Tätigkeit als Speaker. Als ich zu meinen Rekordtouren aufbrach, war ich es längst gewohnt, innere und äußere Widerstände zu überwinden und meine Tagesziele einzuhalten, auch wenn ich mich einmal nicht so fit fühlte.

Als ich mit dem Studium begann, entschied ich mich, mit dem Leistungsrennradtraining aufzuhören, es ließ sich einfach nicht vereinbaren mit meinem Ziel, die Welt zu sehen und im Ausland zu studieren. Zudem wollte ich viel reisen, hatte aber als Student nicht viel Geld. Warum nicht mit dem Rad fahren, dachte ich irgendwann. Damit kostet die Welt fast nichts. So sollte ich bald wieder im Sattel sitzen und Strecke machen. Der Leistungsanspruch wurde durch meine Sehnsucht nach Abenteuern ersetzt – das Mittel blieb dasselbe, mein Fahrrad.

IMPULS 2

Sehr früh entwickelt Jonas im Radfahren persönliche Stärken. Es ist fast ein »Selbstläufer«, eine sich positiv verstärkende Leistungsspirale, die ihn mehr trainieren lässt, als es andere tun. Diese Stärken nutzen ihm heute noch.

Vor allem über unsere Stärken entwickeln wir uns weiter, sie erweisen sich als positiv verstärkende Fähigkeiten. Wir suchen Gelegenheiten, in denen wir sie erleben und weiter ausbauen können. Es sind oft Tätigkeiten, bei denen wir uns selbst im Flow erleben. Bei denen wir Raum und Zeit vergessen, uns völlig vertiefen können, ohne äußeren Zwang, ergaben die Forschungen des Psychologen Mihály Csíkszentmihályi bereits in den 1950er-Jahren. Wir malen, schreiben, laufen oder fahren Rad als Kür, nicht als Pflicht, und verbessern uns quasi von selbst. Oft sind wir uns unserer Stärken gar nicht bewusst, weil sie ein untrennbarer Teil unserer selbst sind und damit für uns selbstverständlich. Viele dieser Stärken entwickeln wir schon sehr früh. Die auf Stärken konzentrierte positive Psychologie, deren bekanntester Vertreter der US-amerikanische Psychologe Don Clifton, Gründer des Gallup-Instituts, ist, vertritt die These, dass es besser ist, wenn wir unsere Stärken fördern, anstatt zu versuchen, an unseren Schwächen zu arbeiten. Das Frustrationspotenzial ist andernfalls enorm, und erfolgsversprechender ist es ohnehin, die Energie auf die Stärken zu verwenden. Wer seine Stärken kennt, dem fällt auch die Entwicklung von »guten« Gewohnheiten (»good habits«) leichter. Denn selbstverständlich kostet es weniger Mühe, viel Energie in etwas zu stecken, das man gerne tut. Durch Wiederholungen, die anfangs vielleicht auch Disziplin erfordern, werden aus Übungen Gewohnheiten, im Idealfall auch durch Situationen, in denen wir uns im Flow erleben.

Hilfreiche Fragen

Welche Stärken habe ich in meiner Kindheit entwickelt?

....

....

....

....

....

....

....

....

Wo war ich selbst sehr stark im »Flow«, was habe ich getan/ trainiert/geübt, ohne dass ich es »musste«?

....

....

....

....

....

....

....

....

Was hat mich immer begeistert, wo habe ich meinen Eigenantrieb am meisten gespürt?

....

....

....

....

....

....

....

....

Meine persönlichen Stärken: Worauf kann ich auch in den schwierigsten Situationen bauen?

....

....

....

....

....

....

....

....

Learning by Doing – Einfach lernen

Musik, Trommeln, exotisches Essen und das alte Viertel Pelourinho mit seinen gut 800 Kolonialgebäuden aus dem 17. bis 19. Jahrhundert, Kopfsteinpflasterstraßen und pastellfarbenen alten Fassaden. Lateinamerika-Feeling pur. Obendrein mindestens zehn schöne Strände direkt bei der Stadt, etwa der Flamengo Beach, an dem man zum Sonnenaufgang unter Palmen am Meer entlanglaufen kann. Lebendigkeit und Lebensfreude überall – das versprach Salvador da Bahia in Brasilien, und da wollte ich hin. Der ideale Ort für mich, beschloss ich.

Ich habe mein ganzes Studium an Unis in Schweden und Dänemark absolviert. Im dritten Semester war ich in Schweden eingeschrieben, ein Auslandssemester stand an. Jetzt hatte ich die Möglichkeit, in Salvador da Bahia zu leben, meine erste Stranduniversität. Die Stadt ist Weltkulturerbe, ein Surf- und Partyparadies. Zudem gilt die Universidade Federal da Bahia als eine der prestigeträchtigsten Brasiliens und zweifelsohne als beste des Bundesstaats Bahia. Da wollte ich unbedingt hin. Allerdings wurde dort nicht auf Englisch unterrichtet wie an den skandinavischen Unis. Dass ich kein Portugiesisch konnte, bereitete mir aber keine Sekunde lang Kopfzerbrechen. Ich habe mich auch nicht mit einem Sprachkurs vorbereitet.

Dass man sich so ins kalte Wasser stürzt, mag für viele abschreckend sein. Ich fand mich aber gar nicht besonders mutig, war einfach zuversichtlich, dass ich schnell lernen werde. Für mich zählt: Wenn ich mich von Hindernissen nicht abschrecken lasse, gibt es viel mehr Möglichkeiten in meinem Leben. Und immerhin konnte ich Spanisch, das ein bisschen mit dem Portugiesischen verwandt ist.

So saß ich schließlich in der Uni und verstand am Anfang leider gar nichts. Zu meinem Glück waren die Professoren nicht nur ausgesprochen nett zu mir, trotz meiner Sprachprobleme, sondern auch sehr hilfsbereit. Und nach dem anfänglichen Dämpfer ging alles ganz schnell. Learning by Doing. Ich wohnte in einer Wohngemeinschaft in einem Mehrfamilienhaus fünf Minuten vom Strand entfernt und hatte mich gleich mit meinem Mitbewohner Daniel angefreundet. Wir waren zusammen auf Partys, am Strand, beim Sport, immer unterwegs. Das ist die beste Art, eine Sprache zu lernen: sich einfach ins Leben stürzen, Freunde kennenlernen. Ich studierte und hatte es obendrein richtig gut. Kein langweiliges Pauken von Vokabeln und Grammatik, keine Bücher wälzen im stillen Kämmerlein. Stattdessen gab Daniel mir Tipps und korrigierte mich, wenn ich etwas falsch aussprach. Schon nach wenigen Wochen konnte ich mich fließend auf brasilianischem Portugiesisch unterhalten. Dass ich beim Sprechen und vor allem beim Schreiben noch Fehler machte, störte keinen der Dozenten. Sie waren froh, dass ein Ausländer an die Uni gekommen war, und fühlten sich geehrt. Brasilianer sind sehr offen, und wenn man sich die Mühe macht, Portugiesisch zu lernen und sich auf ihre Kultur einlässt, dann wertschätzen sie das sehr. Alle kamen mir entgegen, alle freuten sich, mich kennenzulernen. Natürlich steigerte mein mir zugewandtes Umfeld und das positive Feedback meine Motivation, mich in Sprache und Kultur noch besser einzufinden. In Brasilien habe ich so viele Freunde gefunden wie sonst kaum irgendwo auf der Welt.

Später bin ich noch dreimal nach Brasilien gezogen, weil ich das Leben dort liebe. Heute spreche ich Englisch, Spanisch, Portugiesisch, Schwedisch fließend. Englisch habe ich in der Schule gelernt, die anderen Sprachen habe ich mir selbst beigebracht. Wenn ich irgendwo auf der Welt hin möchte, werden mich mangelnde Sprachkenntnisse sicher nicht aufhalten. Ich weiß, wie man am schnellsten eine Sprache lernt, und kann meine Methode nur empfehlen.

IMPULS 3

Jonas sucht sich neue Lernumfelder und springt ins kalte Wasser. Er studiert im Ausland, ohne anfangs die lokalen Sprachen zu beherrschen. Er entwickelt seine Kompetenzen im Gehen, lernt durch Live-Interaktion und direkten Austausch. Er vertraut darauf, dass er schrittweise besser wird - so spricht er am Ende fließend Englisch, Spanisch, Portugiesisch und Schwedisch.

Das Growth-Mindset, auch Wachstumsdenken, spielt eine wichtige Rolle dabei, wie wir mit Problemen, Herausforderungen und Aufgaben umgehen. Um zu wachsen, suchen sich Menschen bewusst Umgebungen, die jenseits ihrer Komfortzone liegen, Herausforderungen, durch die sie lernen. Das kann für jeden etwas anderes bedeuten. Für den einen ist es der Vortrag auf einem Podium vor Publikum, für den anderen die Doktorarbeit im stillen Kämmerchen. Menschen mit einem Growth-Mindset sind überzeugt, dass sie nur üben und sich anstrengen müssen, um jedes Ziel erreichen zu können. Und zwar unabhängig von Talent und Fähigkeiten. Statt »Geht nicht«, denken sie »Das kriege ich hin«; statt »Kann ich nicht« sagen sie »Das lerne ich halt«. Ein Fehler bedeutet ihnen schließlich nur: »Du kannst es noch nicht.« Menschen mit einem statischen Mindset dagegen, sind davon überzeugt, dass sie bestimmte, objektiv machbare Dinge nicht können und lassen sich von Fehlern in dieser Meinung bestätigen.

Oft erfährt man, was mit Growth-Mindset gemeint ist, wenn man in etwas Neues hineingestoßen wird, etwa in einen neuen Job, und sich zurechtfinden muss. Wer sich bewusst für etwas Neues entscheidet, gestaltet sein Mindset aktiv. Die Hirnforschung bestätigt, alle fünf bis sieben Jahre eine neue Sportart, ein neues Hobby, eine neue berufliche Aufgabe zu wählen, verbindet andere Synapsen, produziert neue Muster und lässt uns innerlich wachsen.

Hilfreiche Fragen

In welchem Umfeld habe ich mich in der Vergangenheit am besten entwickelt?

....

....

....

....

....

....

Wo bin ich aus meiner persönlichen »Komfortzone« herausgekommen? Welche Voraussetzungen habe ich dafür gebraucht?

....

....

....

....

....

....

Was hat mir geholfen, das neue Feld zu einer neuen »Komfortzone« zu gestalten, neue Kompetenzen zu erringen?

....

....

....

....

....

....

Welche Schwierigkeiten oder Hindernisse haben mich abgehalten?

....

....

....

....

....

....

In die Zukunft geblickt - lebenslanges Lernen: In welchen Lebensbereichen könnte ich ausprobieren, »ins kalte Wasser« zu springen?

....

....

....

....

....

....

Die Stranduniversität – sonnig zu besten Noten

Mein Leben war perfekt: Erst konnte ich Brasilien in vollen Zügen genießen, und nun hatte ich die Möglichkeit, in einer neuen, vollkommen anderen, exotischen Ecke der Welt zu leben. Pulau Tioman ist eine kleine Insel in Malaysia mit beeindruckendem Regenwald, wunderschönen Stränden und gut von Singapur aus zu erreichen. Ich hatte mir eine Holzhütte mit Hängematte unter Palmen am Strand in der Nähe eines kleinen Dorfes gemietet. Ein Bett, eine Dusche – alles, was ich brauchte. Morgens stand ich um sechs Uhr auf und joggte erst mal eine Stunde am Meer entlang. Anschließend legte ich mich in die Hängematte und studierte. Später ging ich noch zum Tauchen oder Schwimmen, im Meer gibt es Korallen, Gorgonien, Meeresschwämme und Schiffswracks. Ich sah Schildkröten, Riffhaie und viele bunte Fische, war umgeben von tropischem Regenwald, in dem Affen durch die Bäume hüpfen. Immer wieder traf ich auf einen Waran, die zwei Meter großen Echsen spazierten überall in der Gegend herum. Ich aß Otak-otak, Fisch in Bananenblättern, Laksa, Kokossuppe mit Reisnudeln und vielen anderen Köstlichkeiten oder Sate-Spieße mit Erdnusssoße. Es war eine herrliche Zeit, und ich war effizient, weil ich zum Studium den nötigen Ausgleich an Bewegung hatte. Es war mir klar: Wenn du das mit dem Lernen nicht durchziehst, dann geht es zurück nach Singapur. Ich wusste genau, warum ich das Ganze machte, denn das wollte ich unter gar keinen Umständen.

Ich war während meines Bachelorstudiums in »International Business« für ein Auslandssemester nach Singapur gekommen. Dort hatte ich mir neben dem Studium das große Abenteuer Südostasien erwartet. Ich wollte in die Welt, in Lateinamerika hatte ich schon gelebt, nun sollte es Asien sein. Ich wollte andere Kulturen kennenlernen, exotisches Essen probieren, Natur erleben, Neues sehen. Das war mein Ziel, und deshalb studierte ich komplett im Ausland. Aber Singapur war ganz anders, als ich es mir vorgestellt hatte. Es ist eine hochmoderne, durchorganisierte, überwachte Stadt, überhaupt nicht das exotische Asien, das ich suchte. Zudem war es extrem kostspielig. Meine Mitstudenten wohnten zu viert in einer teuren, kleinen Wohnung.

In Singapur ist alles künstlich, es gibt fast keine Natur. Ich bin sehr naturverbunden und hatte vorher während meines Studiums in Schweden an der Jönköping University in der Nähe des Vättern, des zweitgrößten Sees des Landes, gewohnt – oder in Brasilien direkt am Strand. Schnell wusste ich: Hier will ich nicht bleiben, auf keinen Fall, ich brauchte eine Lösung. Schließlich wählte ich an der Uni nur Kurse, die keine Anwesenheitspflicht oder die nur alle zwei Wochen einen Termin in der Stadt erforderten – und suchte mir die perfekte Insel für meine private Stranduniversität in Malaysia. Das Leben dort kostete nur ein Viertel von dem, was ich in der Großstadt bezahlt hätte, ich sparte also obendrein auch noch jede Menge Geld.

»Kommt doch mit nach Malaysia, wir machen eine Lerngruppe im Paradies«, sagte ich zu einigen befreundeten Kommilitonen.

»Das geht nicht«, meinten alle. Warum? »Das hat noch keiner gemacht.« Wen ich auch fragte, niemand zog es überhaupt nur in Erwägung, so wie ich ein eigenes Fernstudium in perfekter Umgebung zu gestalten. »Das hat noch keiner gemacht«, habe ich seitdem häufig gehört. Dieser Satz ist kein Argument, sondern eine Grundhaltung, etwas gar nicht erst zu versuchen. Für mich ist er zu einem Leitsatz für Motivation geworden. Wenn etwas noch keiner gemacht hat, gibt es für mich erst recht einen Grund, es auszuprobieren. Ich will meinen eigenen, einzigartigen Weg gehen. In Singapur ist mir das bewusst geworden.

Zu den Prüfungen kam ich zurück nach Singapur, suchte mir ein Zimmer in einer Jugendherberge. Ich war gut, bekam ganz klar bessere Noten, als wenn ich geblieben wäre. Ich war unter den Top-Studenten und hatte obendrein eine geile Zeit. Und dazu Geld gespart. Weil ich schon in Schweden Extrakurse belegt hatte, war ich zudem im Studium den anderen voraus. So war es möglich, in den Semesterferien eine Weltumrundung mit dem Rad zu beginnen. Ein Traum: Ich fuhr durch Australien, Neuseeland und Südostasien und setzte die Reise immer in den jeweiligen Semesterferien fort. Teilweise habe ich auf Reisen auch im Zelt studiert.

Dieses Singapur-Auslandssemester war in jeder Hinsicht ein voller Erfolg. Einer, den ich gerne wiederholte: Für meinen Master ging ich nach Dänemark, hatte mich an der Copenhagen Business School eingeschrieben. Kopenhagen ist eine wunderschöne Stadt, aber nur im Sommer. Für einen deutschen Studenten ist es ebenfalls ziemlich teuer. Ich hatte eine Miniwohnung, ein kleines Kellerloch, und stellte mir vor, wie es den ganzen Herbst, Winter und Frühling regnen würde. Eine Lebensqualität, die für mich zu wünschen übrig ließ. In den ersten Vorlesungen merkte ich: Anwesenheitspflicht gibt es auch hier nicht. Und ich wusste ja jetzt, dass ich mir alles selbst beibringen kann, sogar schneller, als es an der Uni gelehrt wird. Ich bin dann nach El Medano auf Teneriffa gezogen. Das ehemalige Fischerdorf im Süden der Insel liegt an einem traumhaften Strand, kilometerlang mit hellbraunem Sand, der vor allem bei Einheimischen beliebt ist. Ich verbrachte dort das erste Kopenhagen-Semester, joggte am Strand, schwamm im Meer, erkundete den Nationalpark El Teide und habe selbstverständlich konzentriert studiert. Im nächsten Semester zog ich dasselbe Konzept in Brasilien am Strand durch. In dieses Land hatte ich mich in meinem ersten Auslandssemester verliebt. Ich flog nur zu den Prüfungen zurück nach Dänemark. Das Timing für die Abschlussprüfung war perfekt, denn gerade hatte der Frühling begonnen, und es war toll, in Kopenhagen zu sein. Am Ende war ich unter den zehn Prozent der besten Masterstudenten an der Elite-Uni. Als ich schließlich zur Verteidigung meiner Masterarbeit nach Kopenhagen kam, wunderte sich der Professor: »Jonas? Ich weiß gar nicht, wer Sie sind. Dabei dachte ich, dass ich alle meine Studenten kenne.« Ich war kurz nach dem dänischen Winter braun gebrannt, gut gelaunt und bestand die Masterprüfung mit besten Noten.

IMPULS 4

Jonas studiert vom Strand aus, schafft damit eine für ihn bessere UND kostengünstigere Lösung. Er probiert Neues aus, obwohl ihm andere nicht folgen.

Diese Geschichte illustriert, wie gut es sein kann, wenn man die Chance ergreift, Gewohntes zu hinterfragen, Konventionen und Muster zu brechen. Jonas steht vor dem scheinbaren Dilemma, dass es ihm in seiner Studienstadt Singapur nicht gefällt. Der brave Student hält das einfach aus und wird so schnell wie möglich fertig, so die gängige Erwartungshaltung. Doch Jonas versucht, neue, bessere Lösungen zu generieren.

Systemisch gesprochen: Er verändert nicht *im* System, sondern *das* System, es gelingt ihm, auszubrechen, neue Muster zu schaffen. Oft erleben wir die Scheu, die Erwartungen anderer nicht zu erfüllen. Bewährte Vorgehensweisen strahlen Sicherheit aus, sie wirken einschüchternd: »Das haben wir immer so gemacht«, weist den vermeintlich leichtesten Weg – »und dann kam einer, der das nicht wusste und es anders gemacht hat«, beschreibt, dass neue Wege oft gar nicht schwerer zu gehen sind. Jonas' Geschichte kann als Ermunterung gesehen werden, im eigenen Umfeld Dinge zu hinterfragen, Neues mit Lust auszuprobieren. So kann man unmöglich Scheinendes erreichen und aus Dilemmas ausbrechen.

Hilfreiche Fragen

Kurzer Rückblick: Wo habe ich bisher Sachen erfolgreich anders gemacht als andere?

....

....

....

....

....

....

....

....

....

Ehrliche Selbsteinschätzung auf einer Skala von 1-10: Inwieweit nutze ich meine derzeitigen Spiel- und Gestaltungsräume?

1 — 2 — 3 — 4 — 5 — 6 — 7 — 8 — 9 — 10

....

....

....

....

....

....

....

....

....

Wo lohnt es sich, meine Gestaltungsräume zu vergrößern und alternative Wege zu gehen?

....

....

....

....

....

....

....

....

....

Mehr Erlebnisqualität bei geringeren Kosten – scheinbar die Quadratur des Kreises: Wo kann ich es im Kleinen ausprobieren?

....

....

....

....

....

....

....

....

....

»Widerstand« als Zeichen dafür, dass ich etwas »Neuem« auf der Spur bin: Wo erlebe ich in der Verwirklichung meiner Ziele Widerstände, die ich nutzen kann?

....

....

....

....

....

....

....

....

....

- KAPITEL 2 -

DIE ENTWICKLUNG – VON GUTEN GEWOHNHEITEN UND ZENTRALEN FÄHIGKEITEN

»Scheitern bedeutet für mich, es nicht zu versuchen.«

Arbeit im Vertrieb – Träume planen und leben

Nach dem Studium stellte ich mir die Frage: Wie will ich mein Leben gestalten? Eines meiner Ziele war es, mich in drei bis vier Jahren selbstständig zu machen, mein eigenes Geschäft zu gründen. Und es gab auch einen Traum für die Zukunft: einen Weltrekord aufzustellen. Ich komme ja aus dem Leistungssport, war in meiner Jugend Radrennen gefahren, da ging es letztendlich darum, der Beste zu sein, das hatte mir gefallen. Gleichzeitig spürte ich eine große Sehnsucht, die Welt kennenzulernen und auf Reisen Abenteuer zu erleben.

Während meines Studiums war ich die erste Weltumrundung auf dem Rad gefahren. Immer in den Semesterferien unterwegs, manchmal auch während der Studienzeit, in vier Etappen. Das war aber kein Rekord, sondern ein klassisches Abenteuer. Ich war von Neuseeland über Australien bis nach Thailand gefahren. Dann von Pakistan bis nach Schweden, in der dritten Etappe von Norwegen aus durch ganz Europa, und zuletzt hatte ich Brasilien durchquert. Von meinem heutigen Standpunkt aus gesehen, eine eher gemütliche, abenteuerliche Weltreise ohne große Eile. Mit dem Fahrrad die Erde zu umrunden oder die Länder unserer Welt zu durchqueren – das machen viele, es ist nichts Besonderes oder gar Einzigartiges.

Schließlich hatte ich eine Idee: Ich möchte das Abenteuer Weltreise mit dem Leistungssport verbinden. Okay, wenn man beides will, dann kommt man bei der Frage an: Wie schnell kann ich eigentlich ein Land oder einen Kontinent durchqueren – als Erster, als Einziger, als Schnellster?

Aber erst einmal wollte ich arbeiten nach dem Studium. Der Plan: in der Praxis erfahren, was ich an den verschiedenen Universitäten in Betriebswirtschaftslehre und Marketing gelernt hatte. Denn für mein eigenes Business war es wichtig, zunächst möglichst viel aus der realen Geschäftswelt mitzunehmen. Wie sind die Gepflogenheiten im Verkauf? Wie schafft man eine starke Marke? Wie steigert man die Bekanntheit? Wie geht man mit den Kunden um? Ich behielt das Projekt »Abenteuer, Rekord und Weltumrundung« also erst einmal im Hinterkopf.

Wie schon erwähnt: Mein ganzes Studium hatte ich im Ausland verbracht, begonnen im Jahr 2009 in Schweden an der Jönköping International Business School mit Auslandssemestern in Brasilien und Singapur bis zum Bachelor-Abschluss. Für den Master war ich an der Copenhagen Business School eingeschrieben, mit Auslandssemestern in Brasilien und Indien. Nun kehrte ich nach Deutschland zurück, suchte mir mit besten Abschlussnoten den passenden Job. Meine Kriterien: Auf keinen Fall wollte ich nine to five im Büro sitzen, sondern reisen. Aber auch das Gehalt und eine ausreichende Zahl an Urlaubstagen spielten eine Rolle. Die Wahl fiel schließlich auf ein Softwareunternehmen in München, ich arbeitete im Vertrieb, war viel auf Reisen, verhandelte auf höchster Ebene mit Geschäftsführern und Personalleitern, lernte das Präsentieren und Verkaufen im Vertrieb. Es war ein cooler Job.

Doch obwohl ich ein ansehnliches Gehalt bekam, handelte ich auch in dieser Phase anders als die meisten anderen jungen, erfolgreichen Kollegen. Ich richtete mir keine schicke Wohnung ein, kaufte mir kein großes Auto. Ich wohnte in einem WG-Zimmer, mein Auto war ein alter schwarzer Fiat 500, den ich für 1000 Euro gekauft hatte, meine Habseligkeiten passten in einen großen Koffer. Ich sparte jeden Cent für meinen Traum. Wurzeln schlagen wollte ich nicht, der Job als Sales Manager war nur eine Etappe auf dem Weg zum Ziel.

2016 stand ich mit einem Bier in der Hand auf dem Oktoberfest neben meinem Chef. Ich erzählte von meinem Traum, abenteuerlich auf Rekordjagd zu gehen. Konkret: die Durchquerung Eurasiens auf dem Rad, um dabei zwei Weltrekorde zu brechen. Erstens die schnellste Durchquerung Europas – der Rekord lag bei 30 Tagen, das wollte ich deutlich schneller schaffen. Und zweitens einen Rekord, den noch niemand versucht hatte: die Durchquerung ganz Eurasiens in höchstens 70 Tagen. 64 sollte ich später brauchen für die 14 331 Kilometer von Cabo da Roca in Portugal am Atlantik bis nach Wladiwostok in Russland am Japanischen Meer.

Das war für mich die leichteste Übung: Mit meiner leidenschaftlichen Begeisterung steckte ich den Chef an. Vielleicht lag es auch an der vorgerückten Stunde im Bierzelt, aber er war sehr angetan, wie ich für meine »verrückte« Idee brannte. Diese authentische Leidenschaft ist etwas, das die Leute fasziniert, auch heute bei allen meinen Motivationscoachings und Vorträgen.

Ein Fest, ein Bier, und ich war meinem Ziel einen gewaltigen Schritt nähergekommen: »Wir sponsern das«, sagte mein Chef noch an diesem Abend – und ich sorgte dafür, dass meine Kolleginnen und Kollegen es mitbekamen und somit Zeugen dieses Versprechens wurden. Das junge Unternehmen meines Chefs war offen für außergewöhnliche PR- und Marketing-Strategien. Für mein erstes Rekordabenteuer bekam ich schließlich sogar bezahlten Urlaub, damit ich im blauen T-Shirt mit dem Firmenlogo durch Europa und Asien fahren konnte.

Am 2. Juli 2017 startete ich in Portugal. Alle Kollegen glaubten fest an meinen Erfolg. Aber ich hatte noch nichts Vergleichbares gemacht, ich war einfach ein Sales Manager, der überdurchschnittlich gut Fahrrad fuhr und während des Studiums in Etappen die Welt umrundet hatte. Ich wurde schnell bekannt, viele Radsportportale berichteten über mich, ich gab erste Interviews, die Follower wurden täglich mehr.

Schon Ende 2017 war ich bereit für mein eigenes Business. Ich kündigte meinen Job, verkaufte den Fiat und stellte meinen Koffer bei meinem Bruder in Stuttgart unter. Meinen Chef freute die Kündigung natürlich gar nicht. Er wollte mich gerne in seiner Firma halten, hatte aber gleichzeitig mit seiner Unterstützung einen wichtigen Beitrag dazu geleistet, dass ich meinen eigenen Weg gehen kann – dafür bin ich ihm dankbar. Ich hatte Geld gespart, aber mir war klar, ich muss meinen Lebensstandard deutlich herunterfahren, um mit meinem eigenen Geschäft vorwärtszukommen und um mein nächstes Abenteuer zu finanzieren.

Ich weiß, viele Menschen würden vor so einem Schritt zurückscheuen – alle Sicherheit aufgeben, kein Zuhause mehr, keine Altersvorsorge. Sie stellen sich die große Frage: Gibt es einen Weg zurück? Das habe ich auch überlegt und kam zu dem Schluss: Das größte Risiko ist, es nicht versucht zu haben! Davon war ich überzeugt. Die Chance, Profi-Abenteurer zu werden, kommt nicht so oft im Leben. Sollte ich scheitern, wäre ich ja immer noch qualifiziert für andere gute Jobs. Und in meinen Lebenslauf hätte ich auch nicht Weltreise geschrieben, sondern Weltrekordabenteurer und Motivationstrainer. Was ja wohl nicht schlecht ist, oder? Scheitern bedeutet für mich, es nicht zu versuchen.

Mein nächstes Ziel hatte ich schon lange vor Augen: die Panamericana, 23 000 Kilometer, jeden Tag zehn Stunden im Sattel. Der Rekord lag damals bei 117 Tagen – und den wollte ich unterbieten. Dieser Rekord sollte mich so bekannt machen, dass ich von meinem Abenteurerbusiness leben kann. Der erträumte Tausch meiner Berufsbezeichnungen von Sales Manager zu freiberuflicher Extremabenteurer stand damit vor der erfolgreichen Realisierung.

IMPULS 5

Jonas startet seine Arbeit im Vertrieb und erlangt wichtige Fertigkeiten für sein späteres Traumleben als Abenteurer. Er spart für die Realisierung, spricht laut über seine Träume und kommt so zu seinem ersten Weltrekord mit der Durchquerung Eurasiens.

Träume, Visionen und entfernte Ziele sind bedeutsam für uns. Oft scheinen sie uns aber so weit weg oder übermütig gedacht, dass wir nicht darüber reden und die Verwirklichung aufschieben. Wer würde schon zu seinem Chef sagen: »Ich möchte einmal Profi-Abenteurer werden.« Hört sich verrückt an? Größenwahnsinnig? Nicht für Jonas, er glaubt an seinen Traum. Ein starkes Zukunftsbild hilft uns, Träume umzusetzen, denn es zählt schließlich der persönliche Purpose. Eine emotional starke Vorstellung bringt uns in den Modus, dass wir für unsere Träume arbeiten. Und zum Beispiel schon ganz real etwas investieren, etwa dafür sparen, trainieren, Fähigkeiten aufbauen, Pläne konkretisieren - alles Dinge, die wir später brauchen werden. Viele Studien zeigen, dass die Fähigkeit, einen »Belohnungsaufschub« auszuhalten, ein sehr wichtiger Erfolgsfaktor ist. Zudem wird die Realisierung der Vision wahrscheinlicher, wenn man davon spricht. Einerseits, weil man Unterstützer finden kann, oft auch unerwartet, andererseits wird das Selbst-Commitment gestärkt. Träume groß und rede darüber, ist das Motto dieses Kapitels. Nur keine Scheu.

Hilfreiche Fragen

Was sind meine Träume und Visionen für meine nächste Lebensphase?

....

....

....

....

....

....

....

....

Welche Fähigkeiten werde ich dafür brauchen, die ich noch (weiter-)entwickeln muss?

....

....

....

....

....

....

....

....

Inwieweit bin ich dafür bereit, zu sparen bzw. zu investieren?

....

....

....

....

....

....

....

Welche Gelegenheiten habe ich, über diese Träume mit anderen zu sprechen?

....

....

....

....

....

....

....

Wer kann mir Kraft für die Umsetzung geben, wer kann mich unterstützen?

....

....

....

....

....

....

Die Panamericana – Start als hauptberuflicher Abenteurer

Am 19. August 2018 lag ein neuer Solo-Weltrekordversuch vor mir: von Prudhoe Bay im Norden von Alaska 23 000 Kilometer bis ans »Ende der Welt«, wie Ushuaia, die südlichste Stadt Argentiniens, auch genannt wird. In weniger als 100 Tagen, allein und ohne Unterstützung, wollte ich diese Strecke bewältigen. Viele Monate lang hatte ich dieses Abenteuer bis ins Detail geplant, Sponsoren für die Finanzierung gefunden, zudem ein Crowdfunding gestartet. Ich freute mich, dass es losging.

Die Landschaft Alaskas am nördlichsten Punkt der Panamericana darf man sich nicht zu romantisch vorstellen. Hier liegt mit dem Prudhoe-Bay-Ölfeld das größte Erdölvorkommen der USA, es ist im Grunde eine Industriegegend in baumloser Tundra, mit vielen Flüssen und Seen, wo früher Goldgräber auf die Suche gingen. 2000 ergab eine Volkszählung, dass nur ein Ehepaar mit drei Kindern in der Stadt lebt. Ansonsten gibt es Wohncontainer für die Mitarbeiter des Ölunternehmens, die nur zum Arbeiten herkommen.

Wenn man, wie ich, das tun darf, wofür man brennt, ist die Motivation hoch. Ich hatte eine Mission. Ich wollte nicht nur den Rekord von 117 Tagen brechen, den der Mexikaner Carlos Santamaria 2016 aufgestellt hatte und damit den britischen Rekordhalter Scott Napier übertrumpfte, der die Strecke 2009 in 125 Tagen bewältigte hatte. Ich wollte ihn unterbieten. So war ich gut gelaunt auf flacher trockener Schotterpiste bei bestem Wetter in das aktuell größte Abenteuer meines Lebens gestartet, ich freute mich schon seit Wochen unbändig darauf, dass es endlich begann. Es war mein erster Tag als hauptberuflicher Abenteurer, ein Fest. Neues Leben, neue Ziele, die Welt lag vor mir. Ich fühlte mich frei, fit und stark. Aber ich wusste auch, dass ich vieles nicht werde beeinflussen können, zum Beispiel Wind und Wetter ausgeliefert sein werde. Aber Zweifel oder Sorgen lasse ich niemals zu, sondern konzentriere mich darauf, was ich kann: Ich kann zehn Stunden am Tag im Sattel sitzen! Das war mein Ziel für die nächsten maximal 100 Tage. Im Schnitt wollte ich 230 Kilometer machen. Tag für Tag. Die »mindestens zehn Stunden im Sattel«-Regel brach ich nie, da gab es gar keine Diskussion – nur Disziplin. Es ging nicht um Höchstleistung, sondern um Dauerleistung. Aus meiner Zeit im Rennradtraining weiß ich aber: Nur am Anfang brauche ich Disziplin, um durchzuhalten. Dann wird es zur nützlichen Gewohnheit, ich steige einfach auf das Rad und fahre, es ist eine Selbstverständlichkeit. Als ich am 19. Tag meiner Panamericana-Tour erneut die USA erreichte, sind die zehn Stunden bereits Gewohnheit.

Vor mir lag an diesem Tag die erste Etappe, hart, aber bei Weitem der einfachste Teil. Sozusagen ein Vorgeschmack auf das, was da auf mich zukam. Die ersten 830 Kilometer sollte ich auf einer schlechten Schotterstraße, dem James Dalton Highway, auch »Trampelpfad zum Eismeer« genannt, nördlich des Polarkreises zurücklegen. Ich wusste, dass das Wetter hier rasch wechselt und wollte so schnell wie möglich durchkommen. Ab Fairbanks, der zweitgrößten Stadt

Alaskas, würde ich dann für 3000 Kilometer auf Asphalt unterwegs sein. Aber in der Wildnis Nordkanadas würde die Strecke immer noch sehr hügelig und anspruchsvoll sein, bis ich nach etwa zwei Wochen Edmonton erreichen sollte. Was dann folgte, war die hohe Prärie, eine ziemlich flache Fahrt nach Süden bis nach Mexiko. Dort würde ich meistens Rückenwind haben. Den härtesten Teil erwartete ich in Süd- und Mittelamerika, alle meine Vorgänger hatten auf dieser Tour dort mit Problemen zu kämpfen, Bürokratie an den Grenzen, keine Ersatzteile für die Fahrräder, die höchsten Berge und die heißesten Wüsten der Route. Und das Schlimmste: unangenehm starker Gegenwind, davon hatte ich viel gehört. Also wollte ich zu Beginn deutlich schneller als mein angepeilter Tagesdurchschnitt von 230 Kilometern sein, ein Polster, das ich später vielleicht brauchen würde. Soweit die Aussichten.

An diesem ersten Tag sah ich keine Menschen oder Autos, aber ein paar Bären, Karibus und Moschusochsen in der arktischen Wildnis. Ein kaltes, trockenes Klima und der dauerhaft gefrorene Boden bestimmen, was hier wächst. Der Boden, die eisigen Temperaturen sowie Winde und die kurze Vegetationsperiode lassen nur sehr widerstandsfähige Pflanzen überleben. Je weiter ich nach Süden fuhr, desto mehr wich die Tundra arktischen Fichten- und Birkenwäldern. Kahl aussehende Fichten können hier mehr als ein Jahrhundert alt sein. Am Nachmittag erreichte ich die Brooks Range. Eine Gebirgskette mit steilen, felsigen Gipfeln. Von Gletschern geschliffene Täler prägen hier die zerklüftete Landschaft. Mit 1120 Kilometern von Ost nach West trennt die Brooks Range die arktischen Pflanzen, Wildtiere und Wettersysteme vom Inneren Alaskas. Auf der Südseite liegen im Binnenland die riesigen Flusstäler des Koyukuk und des legendären Yukon River, den viele aus Western kennen. Die Goldgräberstadt Dawson gibt es wirklich. Es war großartig, die wilde arktische Landschaft vom Rad aus zu sehen, es gab gerade keinen Platz auf der Erde, an dem ich lieber gewesen wäre. Als ich mein Zelt für die erste Nacht aufschlagen wollte, traf ich ein paar Jäger, die mich zum Caribou Barbecue einluden. Ein perfekter erster Tag.

Schon am zweiten Tag schlug das Wetter um. Ich fuhr 65 Kilometer hinauf zum Atigun Pass, es regnete heftig, und die Temperatur sank auf null Grad. Die Piste verwandelte sich in tiefen Schlamm, ich blieb mehrmals stecken. Nach den Bergen beruhigte sich das Wetter einigermaßen, aber die Strecke blieb schlammig, und ich wurde immer langsamer. Ich schaffte trotzdem 270 Kilometer in 13 Stunden. Darauf konnte ich stolz sein. Doch schon der dritte Tag war einer der schlimmsten, die ich seit Langem hatte. Heftiger Regen und so tiefer Schlamm, dass Bremsen und Schaltung Probleme machten. Und ich hatte fast nichts mehr zum Essen. Als ich mittags den Yukon River kreuzte, sind es noch 200 Kilometer bis zur nördlichsten Stadt Alaskas, Fairbanks. Es gab nur noch ein Snickers, und ich musste heute Abend noch bis Fairbanks kommen. Ein Anstieg nach dem anderen und immer noch Schlammpiste machten meine Hoffnung zunichte, es zu schaffen. Ich fuhr bis Mitternacht, legte mich hungrig schlafen. Mit positiven Gedanken: Ab Fairbanks fahre ich endlich auf Asphalt, dann kann ich Gas geben Richtung Kanada, Yukon.

IMPULS 6

Nach vielen Monaten der Vorbereitung startet Jonas einen neuen Solo-Weltrekord-Versuch. Schon der dritte Tag bietet die stärksten Herausforderungen. Was ihm hilft: die »10-Stunden-Regel« und seine Mission, den Rekord zu brechen.

Schließlich werden aus Träumen konkrete Ziele, in Jonas' Fall: den Weltrekord von 117 Tagen zu unterbieten. Der nächste Schritt: Diese Konkretisierung noch weiterzutreiben, die einzelnen Etappen zu planen und die Pläne in eigene, persönliche Spielregeln und gute Gewohnheiten umzusetzen. Jonas setzte sich dafür harte Regeln, etwa die »10-Stunden-Regel«. Er entwickelt Routinen, die zum Erfolg führen sollen. Da es bei Jonas nicht um einmalige Höchstleistung, sondern um Dauerleistung geht, kann er das Gelingen mit Disziplinregeln täglich beeinflussen und steuern. Er muss sich »nur« an seine eigenen Regeln halten.

Hilfreiche Fragen

Wie kann ich meine nächste Lebensphase als »persönlichen Weltrekord« formulieren?

....

....

....

....

....

....

....

....

Welche Routen und Etappen kann ich mir zurechtlegen?

....

....

....

....

....

....

....

....

Was könnte meine persönliche »10-Stunden-Regel« sein: Wo brauche ich kontinuierliche Betätigung, um mein Ziel zu erreichen?

....

....

....

....

....

....

....

Wie kann ich aus Regeln »positive Gewohnheiten« entwickeln?

....

....

....

....

....

....

....

Was sind meine persönlichen positiven Sätze zu mir selbst, die mich bestärken und an mein Ziel glauben lassen?

....

....

....

....

....

....

Die Gegenwind-Strategie – Extra harte Regeln für harte Zeiten

Es war der 73. Tag meiner Fahrt. Von Sonnenaufgang bis Sonnenuntergang machten mir starker Gegenwind und die schlimmsten Straßenverhältnisse seit Alaska zu schaffen. Ich fuhr obendrein durch eine mental fordernde, monotone Mondlandschaft. Und als ich mittags die Küste erreichte, blies mir der Wind den Sand ins Gesicht, während ich darum kämpfe, eine Geschwindigkeit von über 15 km/h zu halten. Nur 175 Kilometer hatte ich am Ende dieses Tages geschafft. Ich sehnte mich danach, aus dieser endlosen Wüste herauszukommen. Am nächsten Tag dann wieder starker Wind von vorne. Ich folgte jetzt einer rauen und verlassenen Küstenlinie. Die Straße ist in die Dünen und Klippen gebaut und bot einen spektakulären Blick über den Pazifik. Wenn es nicht den Wind gegeben hätte, wäre es wunderbar gewesen. So war es eine Tortur.

Diese Fahrt durch Peru war der ultimative Härtetest meiner Panamericana-Tour. Das hatte ich schon vorher gewusst. Nach den USA war ich durch Zentralamerika gefahren, über die Anden hatte ich eine Königsetappe der Tour de France – jeden Tag. Mit meiner 10-Stunden-Regel konnte ich das durchhalten, und ich fahre ja gerne Berge. Dann lagen die gefürchteten 2400 Kilometer in Peru vor mir. Ich war von Ecuador aus eingereist, es ging über Giglio, Trujillo, Lima und am Schluss bis nach Nazca, eine Tagestour von der chilenischen Grenze entfernt. Ich kämpfte also 2400 Kilometer mit einem starken Gegenwind von bis zu 20 Knoten. In der eintönigen Landschaft der Atacamawüste, wo mich nichts von Anstrengung und Schmerzen ablenkte, war das nicht leicht. Körperlich waren die Anden sicherlich härter, aber nach 18 000 gefahrenen Kilometern ist alles Kopfsache, und da gibt es nichts Schlimmeres als Gegenwind und das damit verbundene Gefühl, nicht voran zu kommen. Und ich wusste, es wird sich nichts ändern, ich musste mir keine Hoffnungen machen, zwölf Tage lang. Das musste ich durchhalten.

Ich setzte mir extra harte Regeln und kaufte mir nur so viel Essen, dass es bis zur nächsten Tankstelle reichte. Ich hatte also keinen Schokoriegel als Reserve in meiner Tasche, sondern musste für diese kleine Belohnung, für den nächsten Energieschub, bis zur nächsten Einkaufsmöglichkeit durchhalten. Wenn es mir dann auf der Mitte der geplanten Strecke richtig schlecht ging, musste ich also trotzdem weiterfahren. Ich verbrauche 7000 bis 8000 Kalorien pro Tag, der Hunger kommt schnell und ist ein starkes Argument, keine vorzeitige Pause zu machen.

Das führte zu unvorhergesehenen Härten, aber auch zu Erfolgen. Etwa an meinem vorletzten Tag in Peru auf der Küstenstraße durch die einsame Wüste. Ich hatte einige heftige Klettereien gemeistert, bei denen mir starker Wind ins Gesicht blies. Doch ich musste die Entfernung falsch berechnet haben, oder das Dorf auf meiner Karte existierte nicht mehr. Jedenfalls gingen mir Essen und Wasser aus, sodass ich bis spät in die Dunkelheit weiterfahren musste. Auf einer Straße, die sich 200 Meter über dem Ozean an den Klippen entlang schlängelt, war das beängstigend. Das Gute: Ich schaffte an diesem Tag 252 Kilometer, übertraf sogar mein Tagesziel von 230 Kilometern trotz Gegenwind und Höhenmetern. »Morgen werde ich in Chile sein«, dachte ich positiv beim Einschlafen.

Am 24. November 2018 kam ich nach 97 Tagen, 21 Stunden und 10 Minuten in Ushuaia, ganz im Süden von Feuerland, an. Ich hatte 23 112 Kilometer zurückgelegt und 195 800 Höhenmeter bewältigt, 14 Länder, fünf Zeitzonen und alle Klimazonen durchfahren. Und hatte dabei schließlich noch einen zweiten Weltrekord gebrochen. Für die Durchquerung von Südamerika von Nord nach Süd mit der schweren Strecke in Peru brauchte ich 44 Tage. Der bisherige Weltrekord dafür lag bei 58 Tagen.

IMPULS 7

Die Panamericana ist hart. Der ständige Gegenwind bringt Jonas an seine Grenzen. In dieser Phase legt sich Jonas noch strengere Regeln auf: keine Vorräte, Essen nur für eine Etappe. Er kämpft sich buchstäblich von Schokoriegel zu Schokoriegel. Und am Ende eines jeden Tages: nur positive Gedanken für den nächsten.

Hier bewegt Jonas sich in einem Grenzbereich, in einer der Situationen, die besonders hart sind, schlussendlich aber womöglich den Erfolg ausmachen. Der erfolgreiche Weg, den Jonas vorzeigt, ist: je härter die Situation, desto härter die eigenen Regeln. Es sind die Regeln, die ich mir selbst aufstelle, um ans Ziel zu kommen.

Wir alle kennen das: je anstrengender ein Weg, desto größer die Versuchung, auszuweichen. Die Regel, keine Vorräte, keinen Puffer mitzunehmen, lässt es nicht zu, Ausreden für sich selbst zu suchen. Selbst wenn der innere Schweinehund flüstert: »Du hast dir eine Pause verdient«, kann Jonas dem nicht nachgeben. Der Hunger treibt ihn weiter, denn sein Kalorienverbrauch ist enorm. Sich bewusst den Rahmen sehr eng zu setzen, um sich selbst zu zwingen, durchzuhalten, ist sicher keine »alltägliche« Strategie, mit sich selbst umzugehen. Aber manchmal und für eine gewisse Zeit eine überlegenswerte Taktik.

Neben den Regeln zeigt Jonas, wie wichtig es ist, die positive Grundhaltung zu behalten, eine Routine der Verstärkung zu entwickeln. Er denkt abends nicht: »Morgen werde ich wieder hungrig gegen den

Wind ankämpfen.« Sondern er visualisiert die guten Dinge, die kommen werden. Jonas weiß, es ist alles Kopfsache, am Ende eines jeden Tages sind die positiven Gedanken entscheidend für den nächsten Tag.

Hilfreiche Fragen

Was sind die härtesten Etappen in meinem Leben? Womit kämpfe ich am härtesten?

....

....

....

....

....

....

....

....

Wie halte ich mich motiviert, dran zu bleiben, um nicht stehen zu bleiben? Welche Belohnungen sehne ich für mich herbei?

....

....

....

....

....

....

....

....

Traue ich mich, keine Vorräte, keine Puffer aufzubauen – um mich so selbst zu zwingen, bis ans Etappenziel zu gehen? Welche »Vorräte« kann ich bei meinen Vorhaben rationalisieren?

....

....

....

....

....

....

....

....

Was sind meine positiven Gedanken für den nächsten Tag?

....

....

....

....

....

....

....

....

Was sind zehn Aspekte des morgigen Tages, auf die ich mich sehr freue?

1. ....
2. ....
3. ....
4. ....
5. ....
6. ....
7. ....
8. ....
9. ....
10. ....

Ultrarennen in Laos – Die Kunst des Durchhaltens

Es war schon ein unheimliches Gefühl, nachts auf einer einsamen Straße mitten im Dschungel unterwegs zu sein. Als eine große Schlange meinen Weg kreuzte, sprang ich intuitiv mit dem Rad drüber. Mein Opa hätte das Tier vermutlich gefangen. Langweilig war es hier nicht, ich versuchte, die vielen lauten Urwaldgeräusche zu deuten. Affen, Vögel, Elefanten?

In Vorbereitung für mein Weltrekordprojekt »Cape to Cape« 2019 nahm ich an verschiedenen Rennen teil. »BikingMan« ist eine Ultracycling-Rennserie. Nach Oman und Korsika ging ich im Juni 2019 in Laos an den Start. Ich war noch nie zuvor in Laos und dementsprechend fasziniert von der Freundlichkeit der Menschen und der südostasiatischen Kultur. Im Basislager, dem »Race Village«, baute ich unter Palmen und Bananenstauden gut gelaunt mein Rad auf, alles ganz nach meinem Geschmack. Start ist in Luang Prabang. Die alte Königsstadt mit vielen buddhistischen Tempeln liegt in dem Tal, in dem die Flüsse Mekong und Nam Khan zusammenfließen. Das Rennen begann, und wir fuhren durch das geschäftige Treiben raus aus der Stadt, vorbei an Eselskarren und Tuktuks, dann am Mekong entlang Richtung Norden. Schon in der Früh, kurz nachdem die Sonne aufgegangen war, zeigte das Thermometer 30 Grad bei extrem hoher Luftfeuchtigkeit. Später würden es 43 Grad sein, es gab keinen Schatten, nur eine kleine Straße, die sich vom mächtigen Mekong weg steil den Berg hinaufschlängelte. Die Reifen klebten förmlich am schmelzenden Asphalt. Ich trank mehr als zwei Liter pro Stunde, und es war immer noch nicht genug. Nach 250 Kilometern hielt ich an und bestellte an einem Kiosk eine Nudelsuppe, setzte mich zum Essen auf ein buntes Brückengeländer – ich musste dringend nachtanken. Während meiner Pause zogen ein paar Radler vorbei, ich nahm die Verfolgung auf.

Es war das genau richtige Rennen für einen Profi-Abenteurer wie mich. Die Exotik Südostasiens, dichter Dschungel, hohe Berge, kleine bunte Dörfer, Reisfelder und ein hartes Ultrarennen … Trotz Hitze und Jetlag hatte ich eine gute Platzierung, nach dem ersten Tag war ich Vierter. Und als ich am zweiten Tag nach 220 Kilometern und mehr als 5000 Höhenmetern Richtung Checkpoint 2 am Kasi-Pass fuhr, war ich auf Podium-Kurs. Das wollte ich schaffen. Ich war euphorisch, fühlte mich stark, es lief super.

Doch dann lockerte sich im Anstieg mein Tretlager. Reparaturversuche scheiterten, es war stockfinster, ein Gewitter tobte über mir, und mit etwas Mühe fand ich ein Guesthouse für die Nacht. Leider war die Dusche kaputt, also duschte ich draußen im Regen. Am nächsten Morgen schob ich mein Rad 30 Kilometer auf die Passhöhe, auf der anderen Seite sollte es einen Automechaniker geben, doch auch der erwies sich als machtlos.

Es lagen noch 180 Kilometer und etliche Höhenmeter vor mir – mit kaputtem Tretlager. Es wäre ein guter Grund gewesen, aufzugeben. Doch für mich war das keine Option. Ich möchte Dinge zu Ende bringen, die ich begonnen habe. Gewinnen ist mir nicht das Wichtigste, aber das Ziel will ich erreichen. Ich beschloss, das Rad ins Ziel zu schieben oder zu tragen, und vor der Finisher Party am

Abend des fünften Tags dort zu sein. Radschuhe sind fürs Fahrrad gemacht, nicht zum Laufen, deshalb war ich barfuß unterwegs, bis mittags der Asphalt zu heiß wurde und ich die Schuhe wieder anziehen musste. Die Pässe rollte ich zügig auf dem Rad hinunter. Auch wenn ich es so natürlich überhaupt nicht wollte, hatte ich dennoch Spaß – und nun mehr Zeit, dieses tolle Land zu entdecken. Kaufte mir etwas aus den Foodshops am Straßenrand, redete mit Locals, die sich über meinen seltsamen Radspaziergang wunderten. Ich schaffte es so gerade eben zur Finisher Party als Letzter ins Ziel. Noch im Zeitlimit, 15 Minuten vor Schluss. Und war bereit, zu feiern: dass ich dieses Abenteuer erleben durfte, dass ich ins Ziel gekommen war, dass ich so viel Neues gesehen und erlebt hatte. Ich war glücklich.

In zwei Monaten stand der »BikingMan« Peru auf dem Programm, danach die Anden, und dann startet meine Cape-to-Cape-Tour – vom Nordkap nach Kapstadt wollte ich in 75 Tagen fahren.

IMPULS 8

Mitten im Dschungel funktioniert das Tretlager nicht mehr. Jonas gibt nicht auf, schiebt das Rad alle Anstiege hinauf, um bergab fahren zu können – und er kommt vor dem Zeitlimit ins Ziel.

Ein defektes Tretlager, ein Ultrarennen, bei dem man das Rad schiebt, während die anderen an einem vorbeipreschen? Das sind wirklich gute Gründe, zu sagen: dann eben nicht. Das Thema Grenzbereich und Ausnahmesituation setzt sich hier fort. Dieses Kapitel ist eine Ermunterung, auch in schwierigsten Situationen nicht aufzugeben. Die Kunst, nicht aufzugeben, ist für Jonas einfach: nicht aufgeben. Das ist sein wichtigstes Ziel bei allen Projekten. Er hat eine Selbstverständlichkeit für das Weitermachen entwickelt und lebt so, dass es immer weiter geht. Diese positive Formulierung scheint mir kraftvoll zu sein: durchhalten, es schaffen, einen Schritt nach dem anderen setzen. Den Weg zum wichtigsten Ziel machen. Ich habe selten einen Menschen erlebt, der das so authentisch verkörpert und mit seinen Taten illustriert wie Jonas. Er weiß, dass er das Rennen nicht gewinnen kann und dass er sehr wahrscheinlich als Letzter das Ziel erreichen wird. Aber er hält sich an das Prinzip: Aufgeben gibt es nicht, es geht immer weiter. Und Jonas kann der Situation sogar positive Seiten abgewinnen. Immerhin könnte er es ja noch im Rahmen des Zeitlimits schaffen, er sieht mehr von der Landschaft, kann mit den Menschen sprechen … Wir können diese Haltung als Anstoß nehmen, einmal nachzufühlen, wie es uns geht, wenn wir zwar Ziele, wie den Sieg oder eine gute Platzierung, loslassen müssen, aber trotzdem ohne Wenn und Aber weitermachen.

Hilfreiche Fragen

In welchen Situationen war/bin ich nahe dran, aufzugeben?

....

....

....

....

....

....

....

....

....

Was hilft mir, weiterzumachen?

....

....

....

....

....

....

....

....

....

Was ist mein »kaputtes Fahrrad«, wofür kann ich es dennoch nutzen?

....
....
....
....
....
....
....
....
....

Welches Zeitlimit will/muss ich in den nächsten Etappen schaffen?

....
....
....
....
....
....
....
....
....

Cape to Cape – Durch die Wüste oder »Do shit first«

Hinterher war ich froh und stolz, dass ich nicht zusammengebrochen bin, dass ich psychisch durchgehalten habe. Aber die drei Wochen in Afrika während meiner Cape-to-Cape-Tour waren die schlimmsten meines Lebens, hier wurde ich auf eine harte Probe gestellt. Philipp Hympendahl, mein Partner auf dieser Tour, und ich waren gut voran gekommen vom Nordkap bis nach Ägypten. Und auch mein Angstgegner Russland lag hinter mir. Ich bin in mehr als 100 Ländern mit dem Rad unterwegs gewesen und wusste: Der europäische Teil Russlands ist mit Abstand der gefährlichste. Die kleineren Straßen sind in einem grausamen Zustand, mit dem Rennrad kaum befahrbar. Die größeren Straßen haben keine Seitenstreifen, dafür aber jede Menge Lkw, die in einem Mordstempo und aggressiv, ohne Abstand überholen. Lebensgefährlich. Vor allem, weil man davon ausgehen muss, dass die Fahrer manchmal betrunken sind. Aber das hatten wir geschafft.

Fast die Hälfte der gesamten Tour lag hinter uns, als wir Ägypten erreichten. Plötzlich schienen wir vom Pech verfolgt. Wir mussten uns von einem Checkpoint zum nächsten kämpfen, durften nur noch mit Eskorte weiterfahren und verloren an jeder Polizeisperre viel Zeit. Mal war der zuständige Kommandant überhaupt nicht da, mal musste er Mittagsschlaf machen oder durfte nicht beim Essen gestört werden. Dass die Floskel »five minutes« auch fünf Stunden Wartezeit bedeuten konnte, lernten wir zähneknirschend. Eine Geduldsprobe. Einmal landeten wir an solch einem Posten sogar im Gefängnis. Der Diensthabende wollte uns im Dunkeln nicht weiterfahren und uns samt Rädern in ein Hotel transportieren lassen. Das hätte aber den Regeln für den Rekord widersprochen. Uns dann die nahe gelegene Zelle anzubieten, war als freundliche Geste gemeint, tatsächlich aber die Hölle. Der Raum, dessen Gittertüren offen standen, war extrem schmutzig, heiß und voller Flöhe, die uns die ganze Nacht piesackten. Am Morgen sahen wir aus wie Streuselkuchen.

Dann kam es richtig bitter, Philipp musste mit einer schweren Lebensmittelvergiftung ins Krankenhaus. Er war dehydriert, völlig geschwächt. Die ganze Zeit über hatte ich ihn immer wieder motiviert, wenn er down war oder Schmerzen im Knie hatte. Jetzt ging es ihm so schlecht, dass ich ihn nicht mehr überzeugen wollte. Er musste die schwere Entscheidung allein treffen.

Ein Pausentag war keine Option, denn sonst schaltet der Körper auf Entspannung – man stagniert. Die Psyche ist auf einem so langen Weg das Wichtigste. Man muss sich immer vorstellen, dass es besser wird. Positiv auf das blicken, was kommt, und weiterfahren. Als es in Ägypten anstrengend war, dachte ich: Bald bin ich im Sudan. Als es im Sudan schwer wurde, dachte ich an das nächste Land: Äthiopien … Und ich dachte an den nächsten Rekord, denn im Sudan hatte ich zum ersten Mal die Idee: ein Triathlon um die Welt.

Philipp konnte nicht mehr, er stieg aus dem Rekordversuch aus. Und vor mir lagen nun 1500 Kilometer – allein durch die Wüste. Mit einem ägyptischen Kopftuch gegen die stechende Sonne fuhr ich los. Eine Straße und rundherum gelber Wüstensand, kein Baum, kein Strauch, kein Gebäude, nur Gelb um mich herum. Kein

Handy-Netz, keine Nachrichten an Zuhause. Und auch ich sah eine Lebensmittelvergiftung auf mich zukommen. In der sengenden Hitze musste ich pro Tag bis zu 20 Liter Wasser trinken, in der Sahara gab es aber nur ungefiltertes Nilwasser. Schon am zweiten Tag spürte ich den verdorbenen Magen, musste mich auf dem Rad übergeben. Ich hatte Angst, zu verdursten, fühlte mich schlapp, kämpfte mich weiter, fuhr mit letzter Kraft gegen heißen Wind an. Ich fühlte mich elend, stieg aber doch immer wieder auf das Rad.

In der Wüste hielt ich mich deshalb strikt an die Regel »Do shit first«. Ich wachte morgens auf, mir war schlecht, ich fühlte mich schlapp, zu schwach, um Rad zu fahren, also begann ich den Tag genau damit. Ich stieg sofort auf und fuhr los. Ich putzte die Zähne auf dem Rad, aß mein Frühstück im Fahren. Ich hatte noch nie Zweifel, dass ich es schaffen kann. Ich weiß, dass ich auch in schweren Zeiten keine negativen Gedanken aufkommen lassen darf. Vom ersten Tag, an dem ich losfahre, ist Aufgeben keine Option mehr. Ich bin mittlerweile schon in so vielen schwierigen Situationen gewesen – aber es geht immer weiter, das ist eine meiner wichtigsten Erfahrungen. Ich bin ein großer Optimist und improvisiere. Eine Lösung gibt es auch immer. Ich bin teilweise schon 50 Kilometer zu Fuß zur nächsten Fahrradwerkstatt gelaufen. Das Wichtige ist: immer daran glauben, dass es weiter geht. Darauf fokussiere ich mich und auf die Dinge, die ich beeinflussen kann: weiter fahren. Regen, Gegenwind, Kälte oder Hitze, das sind alles Gegebenheiten, die ich hinnehmen muss, daran kann ich nichts ändern, und es raubt mir nur Kraft, wenn ich damit hadere. Deshalb lenke ich meine ganze Energie auf das, was objektiv in meiner Macht liegt: Meter um Meter meinem Ziel näher kommen.

Dreimal innerhalb kürzester Zeit hatte ich eine Lebensmittelvergiftung in Afrika. Mein Trikot flatterte mir um den Leib, ich spürte, dass ich viel Gewicht verloren hatte. Während der letzten Vergiftung in Äthiopien bekam ich das Gefühl, dass ich meine Pläne nicht würde einhalten können. Das Land war gefährlich: Mehrmals bewarfen mich Kinder mit Steinen, riefen mir ihre Schimpfwörter hinterher: »China, China, Alibaba«. Es gab für mich undurchschaubare politische Unruhen, Gewalt auf den Straßen. Emotional war ich am Limit, konzentrierte mich auf den einen Gedanken: Das nächste Land ist Kenia, und dort wird es wesentlich besser.

IMPULS 9

Lebensmittelvergiftungen und schmutziges Wasser in der Wüste: Schlimmere Herausforderungen gibt es wohl kaum. Jonas macht keine Pause, seine »Do shit first«-Regel und seine positive Grundhaltung lassen ihn durchhalten.

Ein Thema, das wohl jeder kennt: Aufschieben von schwierigen, unangenehmen, lästigen Tätigkeiten. Abwarten, bis eine Deadline ganz nahe ist. Beim Prokrastinieren finden wir Tätigkeiten, die von den schwierigen Dingen ablenken. Wir planen, statt etwas anzupacken. Wir warten auf etwas/jemanden, bevor wir beginnen. Der Drang, zu verschieben, ist oft größer als der Drang, etwas zu tun. Jonas begegnet dem mit einer entwaffnend einfachen Regel: Do shit first! Er gönnt sich nach dem Aufwachen kein Frühstück, auch wenn er es verdient hätte. Er steht sofort auf und packt zusammen. Nun sind wir nicht jeden Tag in der Wüste oder in anderen extremen Situationen, es könnte uns aber helfen, diese einfache Regel einfach mal auszuprobieren.

Hilfreiche Fragen

Wenn es hart auf hart kommt: Was muss ich in jedem Fall täglich erreichen, was ist das Allerwichtigste, was bringt mich näher zu meinen Zielen?

....

....

....

....

....

....

....

....

....

Do shit first: Welche Tätigkeiten fallen mir extrem schwer und eignen sich dafür, genau damit den Tag oder meine Projekte zu beginnen?

....

....

....

....

....

....

....

....

....

Aufgeben ist keine Option: Wie kann ich meinen Glauben stärken, dass es gut weiter geht?

....

....

....

....

....

....

....

....

....

Die 168-Stunden-Woche – Ein Abenteuer-Arbeitstag

Ich hatte fast 17 000 Kilometer hinter mir, noch 1300 Kilometer vor mir, als ich meine letzte Grenze passierte – von Botswana nach Südafrika. Mein Ziel war, die Cape-to-Cape-Kontinentaldurchquerung in 74 Tagen zu schaffen. Und nachdem ich in Ägypten immer wieder von der Polizei aufgehalten worden war, in der Sahara und in Äthiopien Lebensmittelvergiftungen hatte, ging ich bereits in Botswana in den Endspurt, änderte meinen Tagesplan, fuhr nicht mehr nur zehn, sondern 13 Stunden im Tagesschnitt. Trotzdem erledigte ich auch Social-Media-Arbeit, hielt Kontakt zu den Sponsoren, telefonierte mit meinem Vater, organisierte Treffen mit meinem Filmteam und plante meine Routen und Übernachtungen. In Südafrika ist es nicht nur wegen der wilden Tiere, wie Löwen oder Elefanten, sondern auch wegen der hohen Kriminalitätsrate nicht ratsam, draußen zu schlafen. Meine Stopps wollten genau geplant sein.

Freizeit? Ich trenne nicht in berufliches und privates Leben. Meinen Beruf mache ich gern, er ist meine Leidenschaft. Ich sehe mein Leben ganzheitlich. Beruf ist Freizeit und umgekehrt. Es ist das, was ich tun will. Und auch, wenn ich in der Sahara so viel Zeit verloren hatte, harten Entbehrungen ausgesetzt war, erinnerte ich mich später vor allem an positive Erlebnisse. Etwa wie ich nachts ganz allein unter funkelnden Sternen am Himmel durch die Wüste fuhr. Obwohl ich körperlich zu diesem Zeitpunkt nicht gut beieinander war, fühlte ich mich mental stark bei dieser Nachtfahrt. Es sind die Momente, in denen ich ganz deutlich spüre, ich bin genau da, wo ich sein will. Das gibt mir auch rückblickend Kraft. Schmerzen, Hunger, Durst dagegen verblassen in meinen Erinnerungen.

Tag 70 war einer dieser typischen Endspurt-Tage: »Super tough day with 328 km against the wind. Incredibly tired now after 17 000 km on the bike but I can almost smell the Ocean now«, postete ich am Abend bei Facebook. Der nächste Tag sollte der vorletzte der Tour werden. Mein Ziel war nun greifbar nah, ich konnte den Ozean riechen … Dann der vorletzte Tag. Ich wollte Gas geben am Ende, also hatte ich meinen Tagesplan noch einmal gestrafft:

Aufstehen

Auf 3.30 Uhr stellte ich den Wecker bereits seit einiger Zeit, meist war ich schon kurz vorher wach. Ich übernachtete jetzt immer in irgendeinem kleinen Hotel direkt an der Straße. Um 4 Uhr wollte ich auf dem Rad sitzen. Ich hatte extremen Gegenwind, seit ich die Grenze nach Südafrika überquert hatte. Aber morgens blies er noch nicht so stark, auch deshalb startete ich so früh. Oft habe ich schnell noch irgendetwas gefrühstückt, was ich mir bereits gekauft hatte. Einen Schokoriegel oder etwas Gebäck. Dann nichts wie los. Kilometer um Kilometer.

Kurze Pause

Gegen 10 Uhr machte ich eine erste Pause, in Südafrika gibt es zum Glück überall Tankstellen. Mit einer Portion Pommes mit Ketchup setzte ich mich an einen der Plastiktische in den Schatten, erledigte schnell schon einmal einen Teil meines Online-Geschäfts: ein aktuelles Foto bei Instagram posten, meinem Vater, der mittlerweile mein Management übernommen hatte, ein Update schicken. Nach einer halben Stunde war ich wieder auf der Straße, weitere fünf Stunden lagen bis zur nächsten Pause vor mir. Nun blies der Wind mir bereits kräftig entgegen, und ich kam nur langsam vorwärts. Nur rund 100 Kilometer hatte ich in fünf Stunden seit der letzten Pause auf dem Tacho. Es hätten 250 sein sollen, bei dem krassen Einsatz, den ich brachte.

Mittagspause

Insgesamt hatte ich bereits 220 Kilometer an diesem Tag zurückgelegt, das beflügelte mich, als gegen 15 Uhr die richtige Mittagspause anstand. Weil ich in der Nacht nur vier Stunden geschlafen hatte, fühlte ich mich müde. Ich aß eine Pizza mit Käse und Tomatensoße. Dann legte ich mich neben den Bordstein, mit dem Schlafsack unter dem Kopf, für meinen täglichen Powernap. Zwölf Minuten, ich stelle mir dafür immer den Wecker, wache aber meist Sekunden vorher auf. Ich habe diese Kurzschlafpausen für mich perfektioniert, ausprobiert, welche Dauer gut für mich ist. Fünf Minuten wären eindeutig zu kurz, 20 zu lang. Zwölf Minuten sind genau richtig, und ich setze sie jeden Tag auf meinen Timetable. Anschließend nahm ich mir Zeit für ein wenig Organisationsarbeit, suchte und reservierte mir ein Hotel für die Nacht, 130 Kilometer von dieser Tankstelle entfernt. Zudem hatte ich noch eine kleine Konferenz mit meinen beiden skandinavischen Kameramännern Pal Laukli und Pasi Sauna-aho, sie fotografierten und filmten meinen Endspurt. Nach einer Stunde gut genutzter Pause war ich wieder frisch, voller Energie und bereit, alles zu geben.

Nachtfahrt

Anschließend fuhr ich noch mehr als fünf Stunden, während der Gegenwind mich die ganze Zeit arg ausbremste. Die Landschaft hier im Süden war wieder karg, trocken, fast eine Savanne, nicht sehr abwechslungsreich. Am Ende war ich mindestens zwei Stunden lang in der Dunkelheit unterwegs, entgegen meinem Plan, nicht nachts zu fahren. Im Hotel rief ich an, dass ich etwas später komme. Ich erinnere mich nicht, was es im Hotel zu essen für mich gab. Aber ich habe in den wenigen Pausen immer extrem Hunger, brauche dringend Kalorien. Als Letztes stand noch ein Telefongespräch mit meinem Vater auf dem Programm, morgen würde ich in Kapstadt ankommen. Eine kurze Dusche, Zähne putzen und wieder den Wecker stellen. Ich schlief sofort ein.

IMPULS 10

Jonas ist kurz vor dem Ende, knapp vor dem Ziel. Er strafft seinen Tagesablauf, um es trotz starken Gegenwinds sicher zu schaffen, und bricht dafür vorweg definierte Regeln.

Knapp vor dem Ziel mobilisiert Jonas Energien, die vorher undenkbar waren. Viele Ausdauersportler bestätigen dies: »Ich dachte, ich bin am Ende, im Rückblick sage ich, ich war bei 70 Prozent.« Das bedeutet, die Wahrnehmung der eigenen Leistungsfähigkeit ist oft geringer, als sie tatsächlich sein kann. Jonas macht das Rennen mit sich selbst aus, seine Pausen sind zielgerichtet für mehr Energie, etwa der 12-Minuten-Mittagsschlaf.

Dies lässt sich nicht auf einen ganz normalen »Alltag« übertragen, aber für Teilbereiche könnte es hilfreich sein, zu sehen, zu wissen, dass vor allem kurz vor einem Ziel oft noch ungeahnte Kraftreserven frei werden. Der Psychologe und Führungskräftecoach Jens Corssen weist darauf hin, dass die Anstrengung an sich schon sinnstiftend und belohnend wirkt. »Die Anstrengung ist ein Wert an sich! Das Wissen, sein Bestes gegeben zu haben, hinterlässt ein Gefühl der Zufriedenheit. Denn nicht alle unsere Anstrengungen können im kompetitiven Umfeld von heute zum Erfolg führen.«

Hilfreiche Fragen

Ich bin knapp vor meinem Ziel. Es wird noch sehr hart: Wie kann ich meinen Tagesablauf so straffen, dass ich sicher ans Ziel komme?

....
....
....
....
....
....
....
....
....

Was ist der Gegenwind, den ich erwarte, wie kann ich mich dafür gut wappnen? Welche Art von Problemen kann ich antizipieren?

....
....
....
....
....
....
....
....
....

Welche Regeln, Gewohnheiten (analog zu: Ich fahre nicht in der Nacht) muss ich zumindest für kurze Zeit aufgeben, um ans Ziel zu kommen?

....

....

....

....

....

....

....

....

....

Wo kann ich »Powernaps« einlegen, die mir helfen, durchzuhalten?

....

....

....

....

....

....

....

....

....

Pausen – nicht von, sondern für etwas

Viele fragen mich, wie ich auf meinen langen Interkontinentaldurchquerungen völlig ohne Ruhetage auskomme. Ob ich nicht auch mal abschalten muss, an etwas anderes denken will, als den bevorstehenden Tag meiner aktuellen Rekordtour. Verordnete Ablenkung oder Abschalten sind nicht meine Sache. Nachdenken, Pläne machen oder neue Ideen aushecken kann ich unterwegs. Ich sitze ja gut zehn Stunden auf dem Rad, da kann ich viel überlegen, und für mich bedeutet das abschalten, ich regeneriere, während ich weiterfahre. Ich habe dann auch die besten Einfälle. Die Idee, einen Triathlon um die Welt zu machen, kam mir, als ich im Sudan durch den einsamsten Teil der Sahara fuhr. Ich hatte mehrere Tage lang kein Internet und keine Telefonverbindung. Eine Zeit, in der ich zwar körperlich mit Lebensmittelvergiftung, Hunger und Durst zu kämpfen hatte, aber mental ganz bei mir, meiner Zukunft und meinem Leben war.

Überhaupt sehe ich Pausen anders. Ich mache nie Pausen von etwas, sondern immer für etwas. Diese Sichtweise ist mir sehr wichtig. Ich schlafe auf meinen Rekordtouren, um mein nächstes Tagesziel zu erreichen. Ich stoppe zum Essen in der Mittagspause, um Energie für die weitere Strecke zu tanken. Meine Motivation kommt ausschließlich von innen. Ich habe bei meinen Abenteuern mit vielen Fotografen und Kameramännern zusammengearbeitet. Wenn die das Projekt vor allem wegen des Geldes begleiteten, dann funktionierte das nicht mit uns. Die Idee eines »Feierabends« ist keine, die ich teilen kann. Bei mir kommt es darauf an, das jeweilige Ziel zu erreichen. Das geht selten mit einer nine-to-five-Einstellung, hätte ich die gewollt, hätte ich mich bemüht, ein erfolgreicher Sales Manager zu werden. Pausen gibt es, wenn das Etappenziel erreicht ist, und das dauert oft länger als acht Stunden.

Selbstverständlich kann auch ich nicht einen Rekord sofort an den nächsten reihen. Es gibt die langen Phasen zwischen meinen Projekten. Dafür ist es wichtig, dass ich die nächste Vision schon vor Augen habe. Die Idee für die erste Weltumrundung war bereits während meiner Radtouren in den Semesterferien gewachsen. Der Panamericana-Gedanke kam während der ersten Weltumrundung noch als Sales Manager auf. Und während ich von Nord nach Süd durch Amerika fuhr, arbeitete ich in Gedanken schon am Cape-to-Cape-Abenteuer, auf der Suche nach etwas Einzigartigem entstand unter dem Sternenhimmel im Sudan die Idee für das nächste Abenteuer. Nachdem ich aus der Einsamkeit der Wüste kam, rief ich sofort meinen Vater an: »Was hältst du von einem Triathlon um die Welt?«

So mache ich auch zwischen den Rekorden immer Pause für eine Idee, eine Vision und ein neues Ziel. Ich habe in diesen Phasen keine Trainingspläne, aber ich fahre natürlich trotzdem Rad oder laufe. Aber ich habe auch Zerstreuung, arbeite kreativ für meinen Plan und an meinem Business als Motivationscoach. 2022 habe ich seit Langem einen ersten Urlaub gemacht, mit Vater und Bruder in Irland. Ich bin mit dem Rad die zauberhafte Küste viele Kilometer, aber entspannt entlanggefahren, war viel joggen am Strand. Aber mein Vater und ich spazierten auch am Meer entlang, um mein nächstes, noch geheimes, Projekt zu besprechen, das ich ja bereits im Kopf hatte.

IMPULS 11

Während der Projekte gibt es für Jonas keine Ruhetage. Er sieht Pausen prinzipiell als Vorbereitung auf etwas, das kommt, nicht als Erholung von vergangenen Strapazen.

Hier wird Jonas' Mindset besonders deutlich. Seine Lebenseinstellung: Er ist nicht erschöpft und müde von etwas, sondern er tankt Kraft für das Neue. Er blickt radikal nach vorne, denkt immer vorwärtsgerichtet. Er macht Pause für die Zukunft und nicht wegen Anstrengungen oder Erschöpfung in der Vergangenheit. Bei ihm gibt es keine Pause *von* etwas. Forschungen legen nahe, alle 90 Minuten Pausen zu machen, das sei ein gesunder Rhythmus. Dem soll hier auch nicht widersprochen werden. Es geht hier nicht um die Pausen an sich, sondern um die Einstellung dazu.

Hinzu kommt: Wenn wir in den Flow kommen, brauchen wir keine Pausen im Sinne von Unterbrechungen, wir können weitermachen, und jede längere Unterbrechung schadet dem Rhythmus. Jonas nutzt das unbewusst, um seine Ziele zu erreichen. Ihm fällt es leicht, denn er liebt, was er tut. Er unterscheidet nicht zwischen (ungeliebter) Arbeit und (geliebter) Freizeit. Auch eine Frage der Haltung, denn auch Jonas muss, wie jeder andere auch, Dinge tun, die er weniger mag. Auch ein Profi-Abenteurer muss etwa eine Steuererklärung machen. Aber all das Lästige ist für Jonas nicht der Rede wert.

An dieser Stelle möchte ich ausdrücklich darauf hinweisen: In diesem Buch geht es nicht darum, wie ich meinen Alltag schaffe. Sondern darum, wie ich Außergewöhnliches schaffen kann, welche Prinzipien, Herangehensweisen, Regeln dafür notwendig sind.

Hilfreiche Fragen

Was ist mein inneres Bild von »Pause«/»Feierabend«: eher Erholung von Leistungsphasen oder Vorbereitung auf die nächste Phase?

Wenn ich meine Pausen »vorwärtsgerichtet« sehe: Worauf bereite ich mich vor? Wofür baue ich Kraft auf?

Welcher Rhythmus in meinem Projekt spart am meisten Kraft?

....

....

....

....

....

....

....

....

....

Wo kann ich zwischen großen Projekten längere »Zerstreuungsphasen« einplanen, in denen sich neue Visionen, Zukunftsgedanken entwickeln können?

....

....

....

....

....

....

....

....

....

- KAPITEL 3 -

DIE UMSETZUNG – POSITIVE LEBENS-EINSTELLUNG ALS PRINZIP

»Endlich stehe ich wieder an der Startlinie.«

Triathlon um die Welt – Optimismus ist die halbe Miete

Ich bin in Brasilien, liege tagsüber vor meiner Hütte in der Hängematte am Strand, und nachmittags schlendere ich zum Caipirinha-Stand? Vier Wochen einfach nur chillen? Nach der Panamericana hatte ich das so geplant, musste aber feststellen, dass nur Abhängen mir nicht liegt, nicht einmal in diesem lebensfreudigen Land. Drei bis vier Tage habe ich es ausgehalten, dann wurde es mir langweilig. Ich ging wieder joggen und plante, studierte Karten, statt Caipirinha malte ich mir im Urlaub die Cape-to-Cape-Tour detailliert aus. Das ist für mich Erholung. Deshalb ging es nach der Reise vom Nordkap bis zum Kap der Guten Hoffnung auch sofort in die Planung des Triathlons um die Welt. Ein Abenteuer, für das es keine Vorbilder gab. In nur zehn Monaten wollte ich wieder auf Tour sein, auf meiner längsten Reise bisher.

Noch während ich für Cape to Cape in Afrika unterwegs war, hatte mein Vater schon an der neuen Triathlon-Route gefeilt. Nach meiner Rückkehr stand die Konkretisierung an. Welche Grenzen sind offen? Wo will ich laufen? Wo radfahren? Wo schwimmen? Wir diskutierten nächtelang, recherchierten Strömungen, Winde, Wege, Visabestimmungen. Dass später aufgrund der Corona-Pandemie alles ganz anders kommen sollte, konnten wir nicht ahnen.

Der Triathlon um die Welt, das weiß ich heute, hat mich viel Neues gelehrt: Geduld haben, Beharrlichkeit zeigen, Stillstand aushalten, flexibel bleiben.

Ende 2019 machten wir uns mit großem Eifer an die Ausarbeitung des Mammutprojekts. Die wichtigste Frage war: Wann und wo wollte ich schwimmen? Radfahren ist mein Sport, dort bin ich zu Hause, fühle mich wohl. Ich bin auch ein ganz guter Läufer. Aber Schwimmen war bisher nicht meine Disziplin, damit habe ich wenig Erfahrung.

Wir verwarfen unter anderem eine Strecke in der griechischen Ägäis. Nur auf den ersten Blick schien sie mit ihren vielen Inseln und dem warmen Wasser geeignet. Tatsächlich gibt es dort aber viele gefährliche Strömungen, unberechenbare Winde und vor allem: auch im Herbst regen Schiffsverkehr. Schiffe sind die größte Gefahr für Langstreckenschwimmer, wir studierten deren Routen, als wollten wir ein Kapitänspatent machen. Schließlich fiel unsere Wahl auf die Adria, 460 Kilometer von Karlobag bis Dubrovnik wollte ich an der kroatischen Küste entlang schwimmen, zwei Monate würde das dauern. Ich würde die längste Strecke zurücklegen, die jemals ohne Begleitboot geschwommen wurde. Dieser Abschnitt des geplanten Abenteuers diktierte den ganzen Zeitplan. Ich wollte im Herbst dort starten, weil dann weniger Schiffe unterwegs sind.

Wenn ich meine Projekte plane, spreche ich viel mit Experten und Leuten, die sich auskennen. Ich befrage etwa Segler und Schwimmer. Vermeintliche Kenner, die sofort meinen: »Das geht nicht, das ist nicht zu schaffen, unmöglich«, helfen mir nicht. Es ist wichtig, sich in der Phase der Planung mit positiven Menschen zu umgeben. »Lass uns schauen, wo der beste Weg ist.« – auf diese Einstellung kommt es an. Positive Menschen ziehen positive Menschen an. Das kann ich auch auf Instagram beobachten. Wenn ich bei meinen Abenteuern harte Phasen hatte, dann schrieben die Meisten Motivierendes: »Das geht vorbei. Du kannst das …« Sprache und Gedanken haben einen starken Einfluss auf unsere Einstellung. Sie zu beherrschen braucht Disziplin und ist eine Kunst zugleich. Viele orientieren sich zu sehr an dem, was nicht machbar ist. Im Alltag begegnet uns zu oft das Negative. Ich stelle immer das Positive in den Vordergrund.

Wenn ich am Start stehe, müssen alle Zweifel weg sein. Dann darf es keinen einzigen Was-wäre-wenn-Gedanken mehr geben. Bei meinen früheren Ultrarennen konnte ich mit hoher Wahrscheinlichkeit schon immer vorhersagen, wer von meinen Mitstreitern nicht ins Ziel fahren wird. »Wenn ich es schaffe«, »Sollte ich durchhalten, dann …«, »Wenn mein Knie nicht mitmacht«, »Wenn ich krank werde, dehydriere …« – Sätze dieser Art bremsen nicht nur, sie werden nicht selten zur self-fulfilling prophecy. Leute, die diese Zweifel verinnerlichen, haben ein deutlich höheres Risiko, zu scheitern. Am Start darf es nur eine Einstellung geben: »Ich schaffe das.« Kein Wenn und Aber. Es ist wichtig, daran während der Planung und Vorbereitung zu arbeiten, denn letztendlich ist es vor allem Kopfsache, ob ich durchhalten kann. Körperlich werde ich fit genug sein, ich will es aber auch mental sein.

Eines meiner Lieblingsbeispiele handelt vom höchsten Berg der Erde: Über den Mount Everest sagten die Leute jahrzehntelang, ohne Sauerstoff kann man da nicht hoch, niemals kommt ein Mensch durch die Todeszone. Es galt als unmöglich, bis am 8. Mai 1978 Reinhold Messner und Peter Habeler auf dem Gipfel standen, ganz ohne zusätzlichen Sauerstoff. Plötzlich war es menschenmöglich, diesen schweren Berg mit eigener Atemkraft zu bezwingen. Weil zwei Bergsteiger fest an sich geglaubt haben, sie waren eben überzeugt: Das schaffen wir.

Bevor meine Weltreise losging, waren auch jede Menge logistische Fragen zu lösen. Etwa: Wer verschickt mein Rad nach Dubrovnik, wenn ich in die Adria steige? Zwei Freunde übernahmen schließlich diese Aufgabe. Welches Floß kann ich über die ganze Schwimmstrecke hinweg ziehen, welche unverzichtbaren Dinge muss ich dafür einpacken? Vor allem beim Schwimmen musste ich Gewicht sparen. Die Zahnbürste wird immer abgesägt, und beim Radfahren habe ich kein zweites Paar Schuhe dabei, ins Restaurant geht es dann mit den Radschuhen – ich muss Prioritäten setzen. Aber ich darf mich auch nicht zu sehr beschränken: Ein Winter in Sibirien steht bevor. Dort kann es bis zu minus 40 Grad werden. Wie können Rad und Fahrer diese Temperaturen aushalten? Welchen Anhänger ziehe ich anschließend über die lange Laufstrecke hinter mir her, welches Gewicht kann ich mir dabei erlauben, was darf ich mitnehmen? Für die Laufstrecke würde ich mir sogar einen besonderen Luxus gönnen können, ich kann ein Buch mitnehmen, errechnete ich: das Buch, »Home Run« von John Grisham.

Selbstverständlich trainierte ich und testete dabei möglichst gleich auch die Ausrüstung. Ein Highlight: Einen sonnigen Sommertag verbrachte ich mit Filmemacher Markus Weinberg, der meine Reise dokumentieren wird, in der Klimakammer der Deutschen Bahn in Minden zur Vorbereitung auf Sibirien. Ein riesiger Container, in dem tiefster Winter herrscht, sodass mir der Bart sofort gefror. Durch die Pandemie musste ich meine ursprüngliche Südroute umplanen und es wurde klar, dass ich mich auf den sibirischen Winter vorbereiten musste. Vor allem mein Rad »Esposa« musste den eisigen Test auf dem Rollentrainer bestehen. Die Kette sprang, die Schaltung hakte, und als ich versuchte, bei minus 25 Grad einen Platten zu flicken, bekam ich den Reifen nicht von der vereisten Felge. Wichtiges Fazit: Für das sibirische Klima muss

»Esposa« noch aufgerüstet werden. Ich wusste nun, dass ich neue Schmiermittel brauchte und dass ich für Notsituationen immer gut hydriert bleiben sollte – denn im Zweifel hilft gegen ein vereistes Fahrradgetriebe nur körpereigenes Enteisungsmittel: draufpinkeln. Wichtigster Erfolg des Kältekammertests: DPA, die Deutsche Presse-Agentur, berichtete, und das Bild, wie ich mit Wintermütze, mit vom Eis weißem Bart und Daunenjacke in einem großen, winterkalten Container auf dem Fahrrad sitze, ging viral. Es war das erste Feedback zu meinem einzigartigen Projekt. Eine sehr gute Werbung für mich und das bevorstehende Abenteuer.

Ich verschärfte mein Training. Besorgte mir einen Autoreifen, den ich im Schweizer Jura durch die Berge zog, bergauf und bergab, vorbei an verdutzten Wanderern und Kletterern. Lief einen Test-Triathlon durch Deutschland: Schwamm zuerst 60 Kilometer durch den Bodensee, das rote Floß mit orangener Fahne im Schlepptau, anschließend fuhr und lief ich durch Deutschland. Insgesamt absolvierte ich mindestens 16 Ironman-Distanzen beim Training, 120 wird mein großes Abenteuer von mir fordern. Ich bin bereit.

IMPULS 12

Jonas geht das nächste Abenteuer an. Mit Schwimmen und Laufen kommen zwei neue Disziplinen dazu, die zu erwartenden schwierigen Bedingungen in Sibirien erfordern weitere neue Vorbereitungsschritte. Mit einem Triathlon durch Deutschland testet er die Idee in der Praxis. Und vor allem: Er umgibt sich mit Menschen, die ihn positiv verstärken für das große Abenteuer.

Wenn wir Neues, Außergewöhnliches schaffen wollen, ist es wichtig, ein für uns und für die Idee positives Umfeld zu schaffen. Wir kennen das aus dem Transformationsmanagement: In einer Leading Coalition finden sich Menschen zusammen, die sich wechselseitig positiv bestärken und so Kraft und Energie für das Neue aufbauen. Zudem wäre es unklug, sich einfach in das nächste Abenteuer zu stürzen. Zur Vorbereitung gehört, sich neue Disziplinen anzueignen. Schritt für Schritt Wissen zu generieren, zu testen, von Erfahrenen lernen, ein Gefühl für die neuen Disziplinen entwickeln, das Zielbild visualisieren, trainieren und üben. Vor allem ein psychologisches Rapid Prototyping: Das bedeutet, schnell ausprobieren und lernen, im Kleinen das Große austesten.

Hilfreiche Fragen

Ich habe (in meiner Welt) gerade einen wichtigen Abschnitt hinter mich gebracht. Welche neuen »Disziplinen« (in meiner persönlichen Arbeits-/Lebenswelt) kann ich in meinen nächsten Lebensabschnitt einbauen?

....

....

....

....

....

....

....

....

Beim Erlernen neuer »Disziplinen«: Was kann ich persönlich neu und anders machen? Worauf muss ich mich besonders vorbereiten?

....

....

....

....

....

....

....

....

Wer bestärkt mich in meinem Umfeld persönlich, neue »Disziplinen« anzugehen, um Zweiflern und Kritikern standzuhalten?

....

....

....

....

....

....

....

....

....

Wo kann ich die neuen »Disziplinen« im kleinen Rahmen ausprobieren?

....

....

....

....

....

....

....

....

....

Pragmatisch geplant – Ein Floß und ein Kinderwagen

Manchmal sind meine Abenteuer so einzigartig, dass ich dafür neues Equipment erfinden muss. Meine Triathlon-Schwimmstrecke wollte ich ja mit Gepäck zurücklegen, so sollten zum Beispiel ein Schlafsack, ein Satz Kleider und Schuhe mit. Ich würde ja kaum in meinem Neoprenanzug schlafen. Und der Schlafsack durfte auf keinen Fall nass werden. Selbstverständlich auch nicht mein elektronisches Equipment, wie Powerbank, Stirnlampe und Handy. Die meisten Triathleten, die im offenen Meer trainieren, haben Bojen, vor allem, damit sie gesehen werden, und es passen maximal ihr Handy, Geld und Schlüssel darauf, aber kein Gepäck. Es gibt auf dem Markt für Outdoorausrüstung kein Equipment für die Art von Langstreckenschwimmen, die ich geplant habe. Man bekommt jede Menge Ausrüstung fürs Bike-Packing, aber die Nachfrage nach Swim-Packing-Ausrüstung scheint derart gering zu sein, dass kein Hersteller diese Nische bedient. Das könnte mir zu denken geben, aber im Gegenteil, es motiviert mich zusätzlich: Dann kann ich hier ebenfalls Pionierarbeit leisten.

Es ist wichtig, dass man das Equipment gut und sorgfältig aussucht. Je genauer es an den Körper und an meine Bedürfnisse angepasst ist, desto leichter wird der lange Weg, den ich damit zurücklegen werde. Ich werde Monate lang schwimmen und laufen, da sollte mich das nötige Gepäck möglichst wenig behindern. Gut geplant ist halb gewonnen.

Ich unterhielt mich mit dem Ausnahmeathleten Sean Conway, der bereits einen Rekord mit einem 4200-Meilen-Triathlon an der Küste Großbritanniens aufgestellt hatte. Er hatte sich selbst ein Floß aus Holz gebaut, ein massives Teil, das er hinter sich hergeschleppt hatte. Das sei auf jeden Fall verbesserungsbedürftig, sagte er zu mir. Es war unter anderem zu windanfällig, ließ sich bei Gegenwind nicht gut bewegen.

Also rief ich meinen Ausrüster Ortlieb an, ob sie vielleicht eine Idee hätten, und sie fanden, eine maßgeschneiderte Entwicklung für mich sei eine tolle Herausforderung. Sie sind darauf spezialisiert, wasserdichte Taschen und Rucksäcke herzustellen. Ein Floß, das 100 Prozent wasserdicht sein muss, und mit dem ein Athlet zwei Monate durch das offene Meer schwimmt, ist der ultimative Produkttest. Eine tolle Werbung auch für sie. Die perfekte Win-win-Situation.

Wir haben viel telefoniert, ich machte Vorschläge. Der Ausrüster baute für mich einen gängigen wasserdichten Rucksack um. Es gab ja einige Anforderungen. Etwa, dass ich in den nächsten Hafen schwimme und dann mit dem Floß zum nächsten Supermarkt laufen muss. Dafür brauchte ich einen Riemen zum Umhängen. Im Meer musste ich die Wasserflaschen erreichen können, um etwas zu trinken, sie mussten also in Außentaschen stecken. Und leicht zugängliche Taschen für Schokoriegel brauchte ich natürlich auch. Eines der wichtigsten Dinge war, dass ich sichtbar sein musste, deshalb wurde die schwimmende Tasche knallrot, bekam noch ein orangenes Fähnchen und musste selbstverständlich so leicht wie möglich sein.

Ich habe dann im Bodensee ausprobiert, wie sich die Tasche mit wie viel Luft im Wasser verhält, damit ich das Floß gut ziehen kann, es für mich perfekt liegt. Ich fand heraus, dass es bei Gegenwind eine tiefere Lage haben sollte als bei Rückenwind. Nach dem Test haben wir noch kleinere Änderungen vorgenommen, etwa an meinem Hüftgurt, und dann hatte ich die ideale schwimmende Reisetasche.

Viele Tipps von Abenteurer Conway waren hilfreich. Er sagte zum Beispiel voraus, dass der Neoprenanzug fiese Scheuerstellen verursachen würde, also packte ich extra viel Vaseline ein, um meine Haut vor Abrieb zu schützen und dem aggressiven Salzwasser so lange wie möglich zu trotzen. Er meinte aber auch, dass das ein tolles Abenteuer werden würde, kein negatives Wort von ihm. Erst als ich den ersten Tag in der Adria hinter mir hatte, bekam ich eine lustige SMS von Sean: »Swim-Packing really sucks«. Ja, es ist hart, ich musste lachen.

Eine weitere Challenge war das Gepäck auf der Laufstrecke. Einen Rucksack habe ich relativ schnell ausgeschlossen, denn das Gewicht hätte meine Knie zu sehr belastet. Ich brauchte einen Wagen, das war mir klar. Es gibt ja deutlich mehr Ultraläufer als Schwimmer, und die meisten schoben irgendein Gefährt vor sich her. Ich hätte gerne die Hände frei gehabt. Ich recherchierte, ob es da irgendetwas gibt, und fand den KidRunner einer amerikanischen Firma. Im Trailer ziehen joggende Eltern ihre Kinder durch die Landschaft. Gepolsterter Bauchgurt an einer komfortabel hochgezogenen Deichsel, sodass ich eine aufrechte Haltung beim Laufen bewahren kann.

Der Anhänger ähnelte einem römischen Streitwagen, nur viel kleiner. Und statt Pferden zieht eben ein Mensch. Kinder wiegen mehr als das leichte Gepäck, das ich für die Laufstrecke brauchen würde. Der KidRunner ist also für höhere Lasten ausgelegt und damit musste ich auch nicht davon ausgehen, dass es zu Materialermüdung wegen Überladung kommen würde – perfekt. Ich rechnete mit fünf bis maximal acht Kilogramm, Klamotten, Schlafsack, ein leichtes Zelt und viel Wasser würde ich täglich einpacken müssen. Ich habe dann an dem Kinderwagen die Achse anders eingestellt, damit sich sein Schwerpunkt meinem Gepäck anpasst, er gut auf der Straße liegt, und schnellere Reifen aufgezogen. Fertig war mein Marathon-Streitwagen.

IMPULS 13

Jonas braucht für die neuen Disziplinen neue Hilfsmittel. Gemeinsam mit einer Ausrüsterfirma entwickelt er das für ihn ideale Floß fürs Schwimmen. Er lernt von einem erfahrenen Ultraschwimmer. Für das Laufen findet er einen Jogger-Kinderwagen, den er für seine Bedürfnisse adaptiert.

Das Floß und der Kinderwagen stehen für neuartige Lösungen, für Erfindungen, die speziell für die Anforderungen der Projekte entwickelt werden und andererseits für die Zweckentfremdung bereits vorhandener Tools. Jonas arbeitet dazu mit Ausrüstern zusammen, die sich von der Aufgabenstellung begeistern lassen.

Abstrakt gedacht, können wir uns fragen, ob wir bei der Wahl unserer Hilfsmittel genügend individuell vorgehen, uns überlegen, welche Tools wir entwickeln können, die uns in der Ausführung unserer Projekte gut unterstützen. Bei der Herangehensweise kann man die Prinzipien des Design Thinking erkennen: eine breite Recherche, Analogien aus anderen Lebensbereichen und das Einholen von unterschiedlichen Expertenmeinungen. Dann schnelles Ausprobieren und Verbessern.

Hilfreiche Fragen

Ich in meiner Arbeits-/Lebenswelt: Welche neuen Hilfsmittel für die nächsten Etappen kann ich mir entwickeln?

....

....

....

....

....

....

....

....

....

Gibt es Experten, die ich befragen kann, von denen ich lernen kann?

....

....

....

....

....

....

....

....

....

Welche »Ausrüster« könnte ich finden, mit denen ich neue Hilfsmittel entwickeln kann?

....

....

....

....

....

....

....

....

....

Wie kann ich meinen »Erfindergeist« stärken, wenn es darum geht, mir Unterstützung vor allem für neue Disziplinen zu organisieren?

....

....

....

....

....

....

....

....

....

An die Startlinie gehen – Der Weg ist das Ziel

Es ist immer der schönste Moment meiner Abenteuer: der Start. Endlich geht es los. An einem solchen Tag habe ich alle Zweifel hinter mir gelassen. Scheitern wäre, wenn ich es gar nicht erst versuche.

Am 26. September 2020 stand ich mit meiner vorbildlich bepackten »Esposa« vor der Münchner Feldherrnhalle mit ihren zwei Löwen aus Stein. Um 12 Uhr wollte ich starten – zum Triathlon um die Welt, gut ein Jahr lang würde ich unterwegs sein. Das Wetter hätte etwas freundlicher sein können: Es regnete ein bisschen und war mit zehn Grad etwas zu kalt und zu grau für diese Münchner Oktoberfest-Jahreszeit, aber fast 100 Menschen waren gekommen, um mich zu verabschieden. Familie, Freunde, Fans, Journalisten, ein Filmteam von RTL und meine eigenen Filmleute. Mein Abenteuer-Business war auf einem guten Weg, das konnte ich hier sehen. Ich beantwortete Fragen, posierte für die Kameras neben einem der Steinlöwen mit dem Fahrrad. Ich fühlte mich gelöst und voller Vorfreude.

Die Tage unmittelbar vor dem Start war immer noch viel zu tun, zum Abschiedsbesuch bei meiner Mutter waren gerade die frischen Cape-to-Cape-Bücher geliefert worden, und ich hatte noch schnell etwas erledigt, was ich deutlich unterschätzt hatte: 4000 Bücher ohne Sehnenscheidenentzündung signieren. Und sogar am Morgen des Starttages musste ich bei meinem Ausstatter noch einen Schlafsack abholen.

Doch wenn es endlich losgeht, dann ist das alles weg. Ich fahre, laufe, schwimme um die Welt, wenn es irgendwo Probleme gibt, finde ich eine Lösung. Jetzt mache ich das einfach, sagte ich mir. Es war ein extrem befreiendes Gefühl, und die Freude war groß: Jetzt kommen ein Jahr lang tolle Abenteuer. Die Corona-Pandemie grassierte überall, niemand wusste, wie sie sich entwickeln würde, aber irgendwie wird es immer weitergehen, so viel ist sicher. Ich hatte noch keine Ahnung, was passiert, aber ich war gewiss, dass das nächste Jahr das beste meines Lebens werden würde. Ich war in diesem Moment ganz im Hier und Jetzt, ganz bei mir. Ich grübelte nicht, was die Zukunft für Schwierigkeiten bringen könnte, dachte nicht an mein bevorstehendes Adria-Abenteuer und ließ auch die Vergangenheit außen vor: Ja, die Landstraßen in Russland waren während meiner letzten Reise eine gefährliche Herausforderung, aber es konnte nur besser werden.

Unterwegs visualisierte ich immer wieder Highlights, die mich erwarten würden: Der Baikalsee im Winter, der tiefste See der Welt enthält 480-mal so viel Wasser wie der Bodensee und würde von einer dicken Eisschicht bedeckt sein, wenn ich ihn erreiche. Er liegt in einer wilden, einsamen Gegend, und ich würde mit meinem Zelt auf dem Eis schlafen und in die Sterne gucken. Und vielleicht würde ich sogar in einem Eisloch baden, wie es Einheimische tun. Darauf freute ich mich. Was für tolle Aussichten. »Das wichtigste Gespräch ist das Gespräch mit sich selbst«, sagt der österreichische Ausnahmeathlet und mehrfache Olympiasieger in der Nordischen Kombination, Felix Gottwald, der heute als Motivationscoach arbeitet. Da stimme ich zu. Ich spreche nur optimistisch mit mir. Und fahre mit ausschließlich positiven Gedanken los.

Ich habe unglaublich viel Spaß daran, ein schwer erreichbares Ziel zu haben. Für mich ist es nicht das Beste, anzukommen, sondern die ganze Reise bis dahin. Dazu gehört die Planung, die Vorbereitung und das Training. Ich mache deshalb auch kein Projekt zweimal, und auch die Rekorde stehen für mein Glück und meine Zufriedenheit an zweiter Stelle, sie beflügeln mein Business. Sie helfen mir, zu einer Marke zu werden, weil die Leute auf mich aufmerksam werden und immer mehr Menschen auf Social Media mitfiebern. Aber mein Purpose sind die Erlebnisse, die vielen schönen Momente, die mir bevorstehen, die Mariachi-Gruppe, die für mich plötzlich in Mexiko in der Wüste spielen wird, das Mezcal-Tasting, zu dem ich eingeladen werde, der Sternenhimmel über der Wüste… Rückblickend habe ich schon so viel Schönes erlebt und so viel geschafft, dass ich überzeugt davon bin, auf dem richtigen Weg zu sein.

Am ersten Tag nach dem Start in München begleitete mich ein Tross von Radlern auf meiner früheren Trainingsstrecke durch den Perlacher Forst raus aus München Richtung Süden. Am Abend waren noch mein Bruder Siddy und Filmemacher Markus dabei. Eigentlich wollten wir über die Großglockner Hochalpenstraße fahren, ein Must für Leute, die Bergpässe so sehr lieben wie ich, doch die Strecke war wegen Schnees gesperrt. Zudem wurde Tirol zum Covid-Risiko-Gebiet erklärt. Kaum losgefahren, musste ich mit Markus an einer Routenänderung tüfteln. Die führte durch das Salzburger Land, auf der 1800 Meter hohen Turracher Höhe lagen zehn Zentimeter Neuschnee. Mit Sommer-Herbst-Ausrüstung kämpften wir uns durch den frühen Wintereinbruch. Training für Sibirien, dachte ich und musste grinsen. Das war doch schon mal ein würdiger Anfang für mein größtes Abenteuer.

IMPULS 14

Jonas beschreibt den Start als schönsten Moment seiner Abenteuer. Er erlebt es als Befreiung, nach all den Vorbereitungen und Plänen. Und schon auf der ersten Etappe muss er umplanen und sich auf Neues einstellen. Er nimmt es positiv.

Der Start als Befreiung: der Übergang vom Denken, Planen, Vorbereiten in das Tun, in die Umsetzung. Wie immer sieht Jonas nur positiv in die Zukunft, Zweifel gehen nicht mit an den Start. Die Vorstellung und Inszenierung des Startes erhöht die Konzentration schon während der Vorbereitung. Und es ist die Kunst des richtigen Timings: Der Starttag sollte gut gewählt sein. Nicht zu früh, um gut vorbereitet zu sein, nicht zu spät, um möglichst bald in die reale Aktion zu kommen.

Ein Muster, das sich durch die meisten Projekte von Jonas zieht: Die erste harte Bewährung, die ersten Anpassungsnotwendigkeiten kommen meist schon in den ersten Tagen. Das bedeutet, trotz Planungen und Visionen muss er darauf gefasst sein, dass alles anders kommt, als er gedacht hat. Besonders die Pandemie wird ihm noch einiges an Flexibilität abverlangen. Schon von Beginn eines Projekts an sollten wir flexibel aufgestellt sein, immer bereit, Pläne auch loszulassen, wenn sie sich als aussichtslos erweisen. Jonas konnotiert Änderungen und Überraschungen positiv und mit Humor: »Der unerwartete Schneefall in den Alpen ist ein gutes Training für Sibirien.«

Hilfreiche Fragen

Was ist der frühestmögliche Start für meine nächste »Etappe«?

....

....

....

....

....

....

....

....

....

Wie kann ich diesen Start »zelebrieren« und mir dadurch zusätzliche Energie holen?

....

....

....

....

....

....

....

....

....

Was erlebe ich als persönlich befreiend, wenn »es« beginnt?

....

....

....

....

....

....

....

....

....

Wie kann ich – meiner Planung zum Trotz – mich vom ersten Tag an flexibel auf Notwendigkeiten der Planveränderung einstellen?

....

....

....

....

....

....

....

....

....

Mein Selbstbild – »Ich bin ein Meister, der übt«

Schwimmen. 460 Kilometer, 54 Tage lang würde ich im Wasser sein. Am 1. Oktober 2020 sprang ich von der Kaimauer in Karlobag in die kroatische Adria. Vor mir lag die Strecke, auf die ich mich mental am intensivsten vorbereiten musste.

Ich bin ein sehr guter Radfahrer von Kindheit an, ein ordentlicher Läufer, aber Schwimmen ist nicht meine Disziplin. Ich habe das Seepferdchen, das meine ich nicht negativ, eher: Immerhin habe ich eines! Ich kann also schwimmen. Meine Haltung: Wenn ich auch nur einen Kilometer schwimmen kann, kann ich auch 460-mal einen Kilometer schwimmen. Ich muss ja nicht schnell sein, sondern muss im Grunde meine eigene Strecke nur oft genug wiederholen. Ich würde niemals gegen einen Profischwimmer oder gegen einen guten Triathleten antreten. Wenn es um Schnelligkeit geht, habe ich keine Chance. Übrigens auch nicht auf der Laufstrecke, da gibt es Leute, die sind deutlich schneller als ich.

Schließlich habe ich mich an den 54 Schwimmtagen in der Adria ständig verbessert, mittlerweile bin ich kein schlechter Schwimmer mehr. Übung machte den Meister. Von Tag eins an bin ich jeden Tag besser geworden. Am Schluss war ich zwar immer noch kein Profi, aber ich hatte eine saubere Technik und war viel schneller geworden. Wenn ich etwas mit Leidenschaft mache und sehr oft wiederhole, dann werde ich irgendwann gut darin. Beim Laufen war es genauso. Ich war zwar vorher schon ein guter Läufer, aber meine Laufzeiten wurden immer besser, das spürte ich deutlich, nachdem ich in Mexiko die ersten 20 Tage hinter mir hatte. Ich wurde mit jedem Marathon stärker. Die ersten Tage taten mir noch die Beine weh, nachdem ich vom Rad auf die Füße umgestiegen war, eine Frage der Muskulatur und der Übung. Ich schenkte diesem Schmerz keine besondere Beachtung, lief einfach weiter. Und ich hatte ja auch jeden Tag aufs Neue die Möglichkeit, herumzuexperimentieren, wie es am besten für mich ist. Wann mache ich die effizienteste Pause? Nach 20 Kilometern oder nach 30? Stoppe ich zweimal oder gar nicht? Um wie viel Uhr starte ich? Wie lange ist die Pause? Was für ein Tempo laufe ich? Jeden Tag fand ich wieder etwas Neues heraus. Je nach Hitze oder Luftfeuchtigkeit passte ich Tempo, Uhrzeit und Pausen an. Und erlebte kleine Erfolge, die ich innerlich feierte. »Ich bin ein Meister, der übt«, dieser Satz wird dem Therapeuten Henning von der Osten zugeschrieben, und er gefällt mir sehr. Heute weiß ich: Es hat sich gelohnt. Mein Lauf durch Mexiko war traumhaft schön und auch für meine Business-Pläne ein voller Erfolg.

IMPULS 15

Jonas ist am Anfang seines Triathlons um die Welt weder ein geübter Schwimmer noch ein routinierter Ultraläufer. Seine Einstellung: Wenn ich einen Kilometer schwimmen kann, dann schaffe ich auch zehn, wenn ich am ersten Tag einen Marathon laufen kann, kann ich das auch am nächsten, übernächsten und überübernächsten Tag machen. Durch das kontinuierliche Tun werde ich jeden Tag stärker.

Hier kreisen wir wieder um das Thema Mindset und innere Haltung, allerdings in anderer Ausprägung: Ein sehr wesentlicher Aspekt für das Gelingen eines Projektes ist das Selbstbewusstsein, mit dem ich (neue) Tätigkeiten angehe. Die klassische, in unserem Kulturkreis oft in der Schule praktizierte Herangehensweise wäre: Ich muss üben, üben, üben, um schließlich ein Meister zu werden. Erst der Könner kann seinen Weg beginnen. Das heißt, ich laufe dem »Meister-Bild« von mir lange hinterher, bis ich es selbst bin. Jonas lebt hier eine andere Strategie vor: Ich kann es, ich muss es nur entfalten. In diesem Sinne bin ich ein Meister, der übt, der vielleicht auch noch Fehler macht, der die Technik verbessert etc. Das ist eine innere Haltung, die sehr stärken- und entwicklungsorientiert ist. Ein weiterer Aspekt in dieser Story: Wenn ich Außergewöhnliches vorhabe, kann ich meine Fähigkeiten vorher nicht bis ins allerletzte Detail perfektionieren, das ist kaum möglich und würde auch viel zu lange dauern. Ich muss mich im Tun selbst schrittweise verbessern und darauf vertrauen, dass ich ständig weiter lerne.

Hilfreiche Fragen

Was bedeutet für mich der Unterschied zwischen »Ich übe, um ein Meister zu werden« und »Ich bin ein Meister, der übt«?

....

....

....

....

....

....

....

....

»Ich bin ein Meister, der übt«: In welchen Lebensbereichen kann ich diesen Satz für mich gut anwenden?

....

....

....

....

....

....

....

....

Wo entwickle ich für mich neue Fähigkeiten und Fertigkeiten, die ich Schritt für Schritt verbessern kann? In welchen Bereichen kann ich durch Wiederholung immer stärker werden, auch wenn das eigentliche Ziel sehr weit weg erscheint?

....

....

....

....

....

....

....

....

Haifisch oder Karawankenbär – Die eigene Angst gut nutzen

Ich stellte mir vor, wie ich im offenen Meer schwimme. Und ich wusste, sie werden da sein. Unter mir in der blauen Tiefe ziehen sie ihre Kreise und sind auf der Jagd nach Fischen. In der Adria leben rund 30 Haiarten. Viele davon sind klein und unspektakulär. Es gibt aber auch richtig große: Weißer Hai, Blauhai und Makohai. Noch im Oktober 2017 soll ein Weißer Hai vor Rimini gesichtet worden sein, er wird von Experten als potenziell gefährlich eingestuft, ein selbstbewusster Brummer von sieben Metern, gegen den man keine Chance hat, wenn er angreift. In Kroatien an der Dalmatischen Küste wurde noch 2019 so ein großer Hai gesehen. Aber auch einige kleinere Haie könnten für Menschen gefährlich sein. Könnten!

Die Angst ist für mich eine wichtige Begleiterin auf meinen Abenteuern, sie lässt mich überleben, weil ich durch sie auf der Hut bleibe. Es gibt tatsächlich ganz reale Gefahren: Landstraßen – wie in Russland –, auf denen Lkw in schnellem Tempo nah an mir vorbeibrettern. Ich muss konzentriert bleiben, zur Not in den Straßengraben hechten. Doch welche Bedrohung geht für einen Langstreckenschwimmer in der Adria von Haien aus? Darüber machte ich mir im Vorfeld schon Gedanken. Jeder hat seine ganz eigenen Ängste, die einem Realitätstest womöglich nicht standhalten. Was für mich die Haie waren, sind für andere Schlangen oder der Karawankenbär. Viele Leute fragten mich nach Schlangen, da ich ja in Afrika und in Mexiko outdoor übernachtete. Aber einen Mann, dessen Opa Schlangenfänger war, schrecken diese Tiere nicht sehr. Ich meine zu wissen, wie ich mich verhalten, worauf ich achten muss.

Angst hat man oft vor Dingen, die man nicht kennt, über die man zu wenig weiß. Einen Freund, der in Südösterreich in der Nähe der slowenisch-italienischen Grenze wohnt, konnte ich zum Beispiel nie dazu überreden, bei einer mehrtägigen Radtour durch die Berge einfach draußen unter dem Sternenhimmel zu übernachten. Irgendwann erzählte er vom Karawankenbär, ich musste lachen, davon hatte ich noch nie gehört. Tatsächlich leben diese großen Braunbären in der Gegend. In Kärnten gibt es sogar eine Bärenbrücke über eine Autobahn. Allerdings gilt es eher als großes Glück, wenn ein Mensch so ein Tier überhaupt zu Gesicht bekommt. »Bären greifen Menschen in der Regel nicht an. Zumeist fliehen sie sogar vor uns. Sie hören und riechen uns über Kilometer und treten den Rückzug an, bevor wir überhaupt eine Chance haben, sie zu bemerken«, heißt es auf einer kompetenten Jagdseite im Internet. Schon lange Zeit ist kein Mensch mehr in Österreich von einem Bären angegriffen worden. Beeindruckend für mich: Bären erreichen eine Geschwindigkeit von 50 km/h, Rekordläufer Usain Bolt schaffte 44,7 km/h auf die 100-Meter-Distanz. Also nicht weglaufen, selbst wenn man ein guter Läufer ist, sondern langsam den Rückzug antreten.

Wissen hilft gegen die Angst. Deshalb gehörte es zu meiner Vorbereitung, mich über Haie in der Adria zu informieren. Angst sollte mich nicht lähmen oder abhalten. Ich musste ihr sozusagen die Zähne ziehen. Deshalb ging ich extrem rational an das Thema heran. Der Haifisch wurde recherchiert. Es ist eine archaische Angst vor dem großen, unbekannten gefährlichen Fisch, der in Filmen wie »Der weiße Hai« dämonisiert wird, weil er hübsche Hippie-Mädchen frisst. Wenn ich mir vorstellte, so ein Geselle schwimmt unter mir im dunklen Meer, hätte ich ein ungutes Gefühl. Aber ich bin ein Fan von Statistiken. In 150 Jahren gab es nur elf Tote nach Haiangriffen in der Adria, zuletzt 1974. Und statistisch gesehen ist die Gefahr, an einem idyllischen Strand von einer Kokosnuss erschlagen zu werden, deutlich höher als in der Adria von einem Hai angegriffen zu werden. Hat jemand Angst vor der tödlichen Kokosnuss?

Zudem ist der Mensch für die Haie die größere Gefahr. Viele Arten, vor allem die größeren, sind selten geworden. In Wirklichkeit müssen Haie geschützt werden. Also sollten sich meine Schwimmsorgen eher auf Strömungen, Winde und vor allem Schiffe konzentrieren als auf große Fische, die unter mir ihre Bahn ziehen.

IMPULS 16

Auf der Schwimmstrecke wird Jonas mit einer Urangst konfrontiert: der Angst vor dem Hai, vor dem unerwarteten Angriff aus der Tiefe, bei dem man keine Chance hat. Angst ist eine ständige und hilfreiche Begleiterin auf all seinen Abenteuern: Sie lässt ihn an entscheidenden Stellen vorsichtig sein und hilft ihm, zu überleben. Irrationalen Ängsten begegnet er mit Recherche, Wissen und Statistiken, die ihm helfen, die Situationen gut einzuschätzen.

Während seiner Abenteuer ist Jonas mit allen Emotionen konfrontiert, zu denen wir Menschen fähig sind. Auch mit dem Gefühl der Angst. Forscher wie Luciano Ciompi, der bekannte Schweizer Psychiater und Autor des Werks »Die emotionalen Grundlagen des Denkens«, weisen darauf hin, dass jede Emotion ihre eigene Logik hat und uns hilft, zu überleben. Die positive Funktion von Angst ist der Fokus auf möglicherweise lebensbedrohende Risiken, auf Gefahren, denen wir hilflos ausgesetzt sind. Dies hat natürlich auch irrationale Aspekte, dafür steht sinnbildlich der Hai: die Bedrohung aus dem Unbekannten, aus dem Nicht-Sichtbaren, der absolute Verlust der Kontrolle über die Situation in einem lebensbedrohenden Kontext. Angst hat eine dysfunktionale Dynamik, sie macht starr, wie das Kaninchen vor der Schlange. So wertvoll sie für das Überleben ist, so kann sie uns auch vom Leben abhalten. Die Herausforderung: dieser Angst begegnen und aktionsfähig bleiben. Jonas' Zugang ist einerseits ein rationaler: Recherche, Statistiken, Einschätzungen und Expertenmeinungen lassen Schritt für Schritt auch eine andere Emotion zum Objekt der Angst entstehen. Andererseits der Klassiker, mit dem Verhaltenstherapeuten irrationalen Ängsten wie etwa der weit verbreiteten Tunnelphobie oder der Höhenangst begegnen: durch Exposition, das tagtägliche Schwimmen im Meer und das Überleben, wird die irrationale Angst geringer. Zudem weiß Jonas auch, dass er sich auf andere Gefahren fokussieren muss, die wesentlich bedrohlicher sind, etwa Schiffe und Strömungen.

Wichtig: Diese Herangehensweisen sind nicht allgemeingültig. Sie sind Möglichkeiten, die man für sich persönlich nutzen kann. Doch gerade bei diesem Thema muss man erwähnen, dass in jüngster Zeit ein rasanter Anstieg von Angststörungen zu beobachten ist, die oft ganz andere (therapeutische) Herangehensweisen notwendig machen.

Hilfreiche Fragen

Was sind in meinem Leben »hilfreiche« Ängste, die mir helfen, zu überleben?

....

....

....

....

....

....

....

....

Wie helfen mir diese Ängste, an den richtigen Stellen aufmerksam und vorsichtig zu sein?

....

....

....

....

....

....

....

....

Wo und wie kann ich recherchieren und Wissen aufbauen, um irrationale Aspekte, die meine Leistungsfähigkeit behindern, zu mildern bzw. besser damit umzugehen?

....

....

....

....

....

....

....

....

Sicherheit geht vor – Oder die Lust am kalkulierbaren Risiko

»Bist du lebensmüde? Das ist eine vage Schätzung, die du da vornimmst!«, sagte die Stimme der Vernunft am Telefon. Ich saß auf der Insel Hvar im Fischerdorf Sućuraj fest und tüftelte an einem Plan B, den ich mit meinem Vater besprach. Ich hatte von der Bucht Smokvina zur Halbinsel Pelješac queren wollen. Eine acht Kilometer lange Strecke, für die ich vier Stunden Schwimmzeit kalkuliert hatte. So lautete Plan A, der mit meinem Vater abgesprochen war und der sich leider als Mission Impossible herausgestellt hatte. Ich war kaum losgeschwommen, als ich bereits in Ufernähe in eine starke Ost-West-Strömung geriet, die mich Richtung offenes Meer zog. Eine Weile hatte ich versucht, dagegen anzukämpfen, dann musste ich etwas tun, das mir besonders schwerfällt: umkehren. Die Lösung, so hatte ich es mir überlegt, wäre nicht an der schmalsten Stelle zu starten, sondern weiter östlich, um mich ein Stück von der Strömung tragen zu lassen und mich dann schräg nach Pelješac hinüber zu kämpfen. Gar keine gute Idee, fand mein Vater. Mein Leben einer wackeligen Strömungsschätzung anzuvertrauen, das konnte ziemlich leicht schiefgehen, ich könnte auf das offene Meer getrieben werden. Mein Vater argumentierte zu Recht dagegen: »Dann schwimmst du nach Italien.« Plan B wurde verworfen. Plan C war wenig sexy, aber der einzig gute. Weiter, aber sicherer: Ich musste zurück zum Festland und dann an der Küste entlangschwimmen. Richtung Südosten des Landes. Neues Zwischenziel war die Bucht von Mali Ston, rund 50 Kilometer Luftlinie entfernt.

Wann ist mir ein Risiko zu hoch? Mir geht es bei der Abwägung vor allem um Faktoren, die ich nicht kontrollieren kann. Meinen Körper kenne ich sehr gut, ich weiß, wie er funktioniert, auch in Extremsituationen, ich weiß, was ich schaffen kann, und meist geht noch mehr. Aber das Umfeld mit Wind, Strömungen, Wetter und Klima setzt mir Grenzen. Wenn ich mich auch mit der besten Technik und der besten Ausrüstung in Lebensgefahr begeben könnte, dann muss ich einen anderen Weg finden, eventuell einen Umweg nehmen. Klar, wenn man kein Risiko eingeht, dann sitzt man zu Hause rum und langweilt sich. Jeder muss seine eigene Risikoschwelle kennen, respektieren, und an der sollte auch nicht gerüttelt werden. Ich persönlich würde zum Beispiel nicht an einer Expedition auf den K2, den zweithöchsten Berg der Erde, teilnehmen. Er gilt nicht nur als technisch sehr anspruchsvoll, die Bergsteiger haben auch extrem viele Faktoren nicht unter Kontrolle. Es gibt wenig Rückzugs- und Ausweichmöglichkeiten, und die Lawinengefahr ist sehr hoch. Man kann noch so fit sein, Klima und Landschaft bleiben unberechenbar, es ist alles auch Glücksache. Solche extremen Expeditionen würde ich aus Sicherheitsgründen für mich ablehnen.

Ich plane meine Strecken vorher sehr genau, um das Risiko möglichst gering zu halten. Ich verwerfe zum Beispiel Länder, in denen es politische Unruhen gibt. Ich überlege, welche Jahreszeit für mein Projekt das beste ist, und ich recherchiere die äußeren Faktoren sehr genau. So wollte ich ja ursprünglich von Europa nach Asien schwimmen, musste aber feststellen, dass Strömungen und Schiffverkehr in der Ägäis zu gefährlich sind. Ich gehe Risiken ein, versuche aber, die vorher möglichst gut zu kalkulieren.

IMPULS 17

Der richtige Umgang mit Risiken ist ein zentraler Faktor bei Jonas' Abenteuern. Da muss der schnellste Weg nicht immer die beste Lösung sein. Er entscheidet sich gegen eine Route, bei der er zu sehr auf Strömungen angewiesen ist und nimmt den längeren Weg in Kauf, um möglichst viele Faktoren selbst kontrollieren zu können.

Das Thema Umgang mit Risiko setzt sich hier fort. Ob in persönlichen oder beruflichen Vorhaben: Wenn wir etwas Außergewöhnliches unternehmen, gibt es Risiken, und je neuartiger das Vorhaben, desto wichtiger auch die Auseinandersetzung damit. Niemand sollte sich kopflos in ein Abenteuer stürzen.

Jonas' Grundüberlegung spiegelt den Grundgedanken des »Circle of Influence«-Konzepts wider: Welche Aspekte kann ich selbst beeinflussen, wo kann ich etwas beitragen, damit die negativen nicht dominant werden? Wo ist aber auch die Grenze zu Geschehnissen, die sich meinem Einfluss, meiner Kontrolle völlig entziehen und denen ich auf Gedeih und Verderb ausgeliefert bin? Der »Circle of Influence« liegt zwischen dem »Circle of Concern« und dem »Circle of Control«. Im »Circle of Concern« befinden sich Dinge, die wir nicht kontrollieren können, wie das Wetter, Strömungen oder die Pandemie. Im »Circle of Influence« arbeiten wir daran, die Risiken, die außerhalb unserer Kontrolle liegen, zu minimieren. So hat Jonas meistens einen Plan B für viele Wege im Gepäck. Aber er sucht sich auch Abenteuer, bei denen sein persönlicher »Circle of Concern« möglichst klein ist. Die Besteigung des K2 würde für ihn zu viel Unbeeinflussbares beinhalten. Für eine gesunde Risikoeinschätzung ist es wichtig, andere Experten zu Rate zu ziehen, da uns unsere Emotionen hier oft einen Streich spielen.

Hilfreiche Fragen

Was sind die größten Risiken bei meinen nächsten Vorhaben? Wie kann ich diese abschätzen und kalkulieren?

....

....

....

....

....

....

....

Welche Risiken schließe ich für mich persönlich aus? Welche Wagnisse würde ich nicht eingehen?

....

....

....

....

....

....

....

....

Gerade im Umgang mit Risiken ist externe Sicht oft sehr wertvoll: Wo kann ich mir Unterstützung in der Einschätzung der Risiken organisieren?

....

....

....

....

....

....

....

....

- KAPITEL 4 -

HINDERNISSE ÜBER-WINDEN – VON NEUEN PLÄNEN UND RESILIENZ

»Ich weiß ja: Es gibt immer eine Lösung.«

»No! No! No!« – Hartnäckigkeit und neue Pläne

An diesem Tag im Dezember 2020 hatte ich nur eines vor: ein Visum zu erhalten. Ich stand vor dem Absperrgitter des russischen Konsulats in Istanbul in einer langen Schlange von Türken und Russen mit unterschiedlichsten Anliegen. Mit Maske und in voller Radmontur, etwas anderes hatte ich ja nicht dabei. Dunkelblaue Funktionsjacke und enge Hose. Meine hellblauen Radschuhe klapperten auf den Gehsteigplatten, wenn ich von einem Fuß auf den anderen trat. Während ich durch die Adria geschwommen war, hatte die zweite Corona-Welle die Welt erfasst. Fast alle Grenzen auf der Welt waren dicht, auch die russische, das wusste ich. Die Route südöstlich über Iran, Pakistan, Indien bis zum Pazifik und dann in die USA war nun aussichtslos. So viele Länder, so viele Sondergenehmigungen, die ich hätte erhalten müssen, so viele geschlossene Grenzen. Keine Chance, das war mir schnell klar. Mein ursprünglicher Plan B, die ganze Strecke durch Russland zu fahren, war damals, Ende 2020, die einzige Lösung. Hier musste ich es nur über eine einzige Grenze schaffen und könnte dann durch bis zum Pazifik fahren und per Schiff weiter in die USA. Also war ich nach Istanbul gekommen mit dem festen Vorsatz, mit Verhandlungsgeschick und Sturheit ein Visum für Russland zu erkämpfen. Vier Stunden stand ich an diesem

Tag vor der Botschaft, bis ich einen Wachposten durch das Absperrgitter sprechen konnte. »Ich würde gern ein Visum beantragen«, sagte ich. »No, kein Russe, kein Türke, kein Einlass. Wenden Sie sich an das eigene Konsulat.« Ich ging nicht weg, argumentierte weiter auf Englisch. Nach gut sechs Stunden kam jemand heraus, der zumindest auf Englisch mit mir diskutieren konnte. Die Grenze sei wegen der Pandemie geschlossen, es gebe keine Visa für eine Russlandreise. Der Visaservice für Ausländer sei eingestellt. Schließlich interessierte er sich immerhin für meine ungewöhnliche Geschichte: ein Mann, der schwimmend, zu Fuß und auf dem Rad die Welt umrunden wollte: Das fand er ungewöhnlich genug, um eine Ausnahme zu machen. Ich möge am nächsten Tag wiederkommen, dann sei ein Zuständiger im Haus. Heute sei leider nichts mehr zu machen. Ich war guter Dinge.

Immerhin wollten sie mich einlassen. Ich war durch die Adria geschwommen, hatte es auf dem Rad von Kroatien aus über Montenegro, Albanien, Mazedonien und Bulgarien bis an die türkische Grenze geschafft. Die war wegen der Pandemie eigentlich auch geschlossen, aber ich hatte mich mit meiner Story und viel Gesprächsausdauer über die Grenze diskutiert, um bis nach Istanbul zu dürfen. Und nun sollte ich nicht einmal ins russische Konsulat hineinkommen? Das wäre doch gelacht. Am nächsten Tag war ich wieder da. Fest im Glauben, dass ich es schaffen werde.

Ich habe schon oft in meinem Leben gute Erfahrungen mit meiner Hartnäckigkeit und Sturheit gemacht. Oft scheint es für die Leute der leichteste Weg zu sein, wenn sie einfach Nein sagen: »Hier kommst du nicht durch.« Wenn man daraufhin aufgibt, war es natürlich für die Wächter der einfachste Weg, nicht aber, wenn man einfach nicht weggeht, auf seinem Vorhaben beharrt, immer bereit, zu diskutieren. Dann wird diese »Das geht nicht«-Einstellung eine schwierige Angelegenheit für mein Gegenüber. Immerhin müssen die Nein-Sager zumindest darüber nachdenken, wie sie weiter vorgehen wollen.

Genauso hatte ich erst ein paar Wochen vorher Erfolg an der Absperrung bei der Pelješac-Brücke. Schwimmend hatte ich mich zuerst der riesigen Baustelle genähert, und sofort war ein Motorboot herangerast mit der Botschaft: »Hier kommst du nicht durch.« Ich war an Land gegangen, um das Gelände zu Fuß zu umgehen. Doch es stellte sich als riesiges Gebiet mit einer Containeranlage für chinesische Bauarbeiter heraus. Kilometerweit durch das dichte kroatische Gestrüpp wäre eine Kamikaze-Aktion gewesen. Das wusste ich, ich hatte nämlich schon auf einer kurzen Strecke Bekanntschaft mit den stacheligen Pflanzen gemacht. Also stellte ich mich im Neoprenanzug an den Zaun und versuchte, Aufmerksamkeit zu erregen. Mit dem festen Vorsatz: Ich geh hier nicht weg.

Die Taktik der Gegenseite:

1. Ignorieren und hoffen, dass die seltsame Erscheinung von selbst verschwindet.
2. Abweisende Gesten machen und möglichst nicht hinsehen.
3. Den Vorarbeiter schicken und sagen lassen: »No! No! No!«
4. Nachdem ich »Yes! Yes! Yes!« dagegenhielt, einsehen, dass es jetzt leichter ist, mich schnell und möglichst unauffällig durchzulassen.

Keine 100 Meter weiter stieg ich wieder in die Adria, grinsend, mit dem Erfolgsgefühl: War doch ganz leicht.

Das muss klappen, dachte ich, als ich am nächsten Tag wieder an der grauen Mauer vor den Absperrgittern mit der Aufschrift »Polis« stand, ich will da rein, ins Konsulat. Irgendwann ging tatsächlich die Tür für mich auf, und ich durfte den zuständigen Visa-Beamten sprechen. Gibt es eine Möglichkeit? Doch auch der hatte nur ein Wort: »No.« Könnte ich in Ankara ein Visum erhalten? »No«. Kann ich ihren Vorgesetzten sprechen? »No«. No war seine Antwort auf all meine gut vorbereiteten Fragen. Vielleicht sein einziges englisches Wort, aber er hatte eindeutig nur eine Aufgabe: mich abzuwimmeln.

Ich verließ ich das Konsulat ohne Erfolg und einen Hoffnungsschimmer. Dieses Mal war ich trotz Hartnäckigkeit nicht erfolgreich gewesen, musste einen anderen Weg finden. An diesem Tag wusste ich noch nicht, dass ich ganze sieben Wochen wartend in der Türkei verbringen würde, aber ich war schon ziemlich ernüchtert. In solchen Situationen erlaube ich mir, ein paar Stunden sauer zu sein, mich zu ärgern. Aber im Frust hängen zu bleiben, schwächt. Zuversichtlich zu sein, stärkt. Da musste ich so schnell wie möglich wieder hin.

Rückblickend hatte ich in der Türkei meine größte Krise, ich saß fest. Es war schwierig, aber ich habe es akzeptiert. Muss ich mich von dem Plan verabschieden? Was kann ich tun, um die Situation zu ändern? Es muss schnell Schluss mit negativen Gedanken sein, denn ich weiß ja: Es gibt immer eine Lösung. So begann ich sofort, Mails zu schreiben, Telefongespräche zu führen und auf Instagram zu posten: Irgendjemand musste doch einen Weg finden, Beziehungen haben und mir helfen, ein Visum für Russland zu bekommen. Vitamin B sollte mich jetzt weiterbringen, ich kannte ja mittlerweile viele wichtige Leute, mein Business als Abenteurer und Coach war bereits bekannt, meine Projekte wurden von vielen unterstützt und auf Social Media verfolgt. Ich hatte Beziehungen zu Politikern, Topmanagern aus der Wirtschaft, dem Olympischen Komitee und der Deutschen Triathlon Union.

Gleichzeitig arbeitete ich an Plan C. Mit dem wäre es in die andere Richtung gegangen, zurück nach Europa und über den Atlantik in die USA. Dort wäre ich dann von der Ost- bis zur Westküste gelaufen, anschließend über den Pazifik bis nach Asien gesegelt, um von dort mit dem Fahrrad zurück nach München zu fahren. Ich poste auf Instagram, ob jemand eine Segelmöglichkeit kennt. Dass es bald auch völlig unmöglich werden würde, in die USA zu gelangen, konnte ich nicht ahnen. Nur eines war sicher, ich würde nicht aufgeben. Es würde ja bestimmt auch noch einen Plan D, E, F oder G geben. Es gibt immer einen Erfolg versprechenden Umweg. Zum Glück war ich ja nicht auf einer Geschwindigkeitsrekordfahrt, ich hatte Zeit. Irgendwann wird es weitergehen.

Um mir die Zeit zu vertreiben und mich fit zu halten, fuhr ich durch die Türkei. Suchte mir Herausforderungen, radelte etwa mit einem Instagram-Follower den 1970 Meter hohen Babadağ hoch, der mit seinen 20 Prozent steilen Rampen härter ist, als alles, was ich aus den Alpen kenne. Hoch oben eine phänomenale Aussicht auf schneebedeckte Berge und das Meer. Weihnachten zeltete ich in der Nähe von Bodrum, gönnte mir ein köstliches Kebab und nahm per Handy an der Weihnachtsfeier meiner Familie teil. Für mich war es das schönste Geschenk, zum Fest auf Abenteuerreise zu sein. In meinem kleinen grünen Zelt war ich genau da, wo ich sein wollte.

Im Januar war ich im Prinzip nur noch ein Fahrradtourist im Zwangsurlaub. Ein Freund hatte mich in seine leerstehende Ferienwohnung in Göcek eingeladen. Ich gab Interviews, machte Medienarbeit und versuchte, auch ohne konkretes Ziel meine Kondition zu halten, ging zum Wandern, zum Joggen und fuhr viel Rad. Ich wusste nicht, ob es nach Ost oder West weitergehen würde. Und auch nicht, wann. Ich hatte bis dahin keinen Anhaltspunkt. Plan A oder C? Mein Vater, mein Filmteam und meine Follower arbeiteten im Hintergrund an einem Weg für mich. Ich mailte und telefonierte. Und ich sagte mir, es gibt schlechtere Orte, um zu überwintern, als die sonnige Landschaft der türkischen Ägäis und dieses kleine Dorf mit seinem pittoresken Jachthafen.

Diese Wochen in der Türkei haben mich etwas Neues gelehrt: Geduld. Es gibt Situationen, da hilft nur Geduld. Auch wenn ich am liebsten mit dem Kopf durch die Wand gegangen wäre und es nicht meiner Natur entspricht, musste ich diese Situation aushalten. Auch in der Stagnation blieb ich positiv, ließ keine negativen Gedanken zu. Ich motivierte mich dann jeden Tag aufs Neue, sagte mir, dass es immer eine Lösung gibt, dass es weitergehen wird und dass ich ja im Moment in keiner schlechten Situation bin. Normalerweise entscheide ich sehr schnell, wenn es die äußeren Umstände verlangen, ich nicht weiterkomme, arbeite ich sofort mit aller Kraft an einem Plan B. Manchmal kann ich nur tun, was möglich ist, und muss einfach abwarten. Geduld ist dann die Tugend. In dieser Situation nicht aufgegeben zu haben, gehört zu meinen größten Erfolgen.

IMPULS 18

Auf der Schwimmstrecke und in der Türkei erlebt Jonas Widerstände. Einmal ist es die Überquerung einer Baustelle am Meer, das andere Mal die scheinbare Unmöglichkeit, ein Visum zu erlangen. In beiden Fällen setzt er dem »No! No! No!« ein freundliches »Yes! Yes! Yes!« und jede Menge Geduld entgegen und schafft es weiterzukommen, auch wenn es länger dauert.

Die meisten Menschen agieren in ihren eingefahrenen Systemen und Mustern. Wenn dann jemand kommt, der etwas Neues, Anderes, Einzigartiges und Nicht-Alltägliches will, das die eigenen Kreise stört, reagieren sie ablehnend. Jeder kennt diese Situationen, ob das nun auf einem Amt ist, auf einer Baustelle oder in Unternehmen. »Das haben wir ja noch nie so gemacht«, heißt es dann jede Änderung abweisend. In solchen Situationen erlebe ich Jonas als unaufdringlich und freundlich hartnäckig, er ist zwar auf ein »Geht nicht, gibt es nicht« gepolt, aber ohne zu verbissen und kämpferisch zu sein. Er will keinen Streit, sondern eine Atmosphäre der wechselseitigen Akzeptanz schaffen. Diese geduldige Hartnäckigkeit wirkt wie Wasser, das den Sand untergräbt. Denn Jonas macht es seinem Gegenüber nicht leicht, er gibt nicht auf.

Parallel dazu entwickelt er meist einen Plan B und Plan C, um aus einer aussichtslosen Situation herauszukommen. Ich denke, das steht prototypisch für viele Situationen, die jedem von uns passieren. Was ihm zu helfen scheint, ist seine persönliche Erfahrung, schon aus vielen, vielen scheinbar ausweglosen Situationen quasi leicht herausgekommen zu sein. Das hat auch - bei allem Ernst der Lage - etwas spielerisch Elegantes. Es gelingt ihm, die hohe emotionale Bandbreite zwischen Ernst, Unsicherheit, Angst auf der einen Seite und Zuversicht, Leichtigkeit, Spiel auf der anderen positiv zu gestalten.

Hilfreiche Fragen

Welche positiven Erfahrungen mit einem »Yes! Yes! Yes!« habe ich bereits gemacht? Welche Emotionen spüre ich, wenn ich mir diese Situationen vergegenwärtige?

....

....

....

....

....

....

....

....

Wie weit schaffe ich es, in Situationen, in denen mir Widerstand begegnet, locker, freundlich und verbindlich zu bleiben?

....

....

....

....

....

....

....

....

Wo kann ich es in nächster Zeit ausprobieren?

....

....

....

....

....

....

....

....

»Good luck, crazy boy!« – Mit Leichtigkeit weiter

Viele Kontrollposten, unzählige rot-weiße Schranken, Stoppschilder, Container, grauer Himmel und Schnee. Es war kalt, bestimmt zweistellig in den Minusgraden. Es würde ein guter Tag werden. Ich war voller Vorfreude. Ich stand vor dem ukrainisch-russischen Grenzübergang Hoptivka. Es war bereits Mitte März, aber endlich hatte ich eine Eintrittskarte nach Russland. Ein Sportvisum des Olympischen Komitees und ein Einladungsschreiben. Das Warten hatte sich gelohnt. Ich wollte jubeln oder singen, jetzt würde ich durch Russland fahren! Die ukrainischen Kontrollposten lachten, als ich sagte, dass ich nach Wladiwostok radeln will. Mein Pass und das Visum interessierten sie weniger als meine Person. Langer Bart, Skibrille, blaue Daunenjacke und ein Fahrrad. Verrückte gibt es! Sie winkten mich durch.

Dann begann die russische Kontrolle, vier Posten standen mir bevor, ein Spießrutenlauf und eine ziemlich spannende Angelegenheit. Die Formulare des Russischen Olympischen Komitees beeindruckten, aber es wurde alles ganz genau kontrolliert. Erster Posten, zweiter Posten, dritter Posten, ich sah mich schon auf russischem Territorium. Ich konnte die Straße sehen, Richtung Pazifik. Am vierten Posten kam das Prozedere ins Stocken. Ein Vorgesetzter musste hinzugeholt werden. Er telefonierte. Die Grenzbeamten waren nett und luden mich auf einen Tee ein. Dann war plötzlich der Weg wieder versperrt. Visum und Einladungsschreiben seien okay, sagte mir ein Soldat, der gut Englisch sprach. Aber ich stünde nicht auf der Liste des Innenministeriums. Es tue ihnen leid, ich müsse umkehren.

Egal welche kafkaesken Erlebnisse ich auch habe, egal, wie frustriert ich bin: Ich bleibe immer beharrlich, freundlich und korrekt. Ich werde nie wütend oder laut, verliere nie die Contenance. Dieses Mal fiel mir das besonders schwer, ich musste mich wirklich zusammenreißen. Ich war fassungslos, sagte nichts, seit Monaten wartete ich auf die Einreise nach Russland, das Schreiben des Olympischen Komitees sollte die Rettung meines Abenteuers, des Triathlons um die Welt sein. Und nun sollte sich diese Möglichkeit, auf die ich so lange gewartet habe, einfach in Luft auflösen? Geschockt stand ich wenige Minuten später wieder auf ukrainischem Boden.

Ich aß etwas in einem Restaurant an der grauen Straße. Rief alle an, die mir helfen konnten, mich auf die ominöse Liste des Innenministeriums zu bringen. Es musste einfach klappen. Morgen wollte ich es noch einmal versuchen. Und ich glaubte fest an eine Lösung, arbeitete die ganze Nacht durch, um auf diese Liste zu kommen.

Von Dezember bis Anfang Februar saß ich in der Türkei fest und suchte nach einem Ausweg aus der Coronafalle, die mir mein Abenteuer zu vermasseln drohte. Ich hatte wirklich Geduld bewiesen. Dann gab es erste Hinweise, dass es mit einem Visum für Russland doch klappen könnte. Die Deutsche Triathlon Union hatte sich beim Russischen Olympischen Komitee und beim russischen Sportministerium für mich eingesetzt. Der Kampf gegen die Bürokratie ähnelte dem von Don Quijote gegen die Windmühlen. Erst sollte das Visum in Istanbul für mich bereit liegen, dann sollte es dort nur ein Einladungsschreiben geben, mit dem ich ein Visum beantragen könnte – allerdings auf einem Konsulat in meiner Heimat. Ich schickte meinem Vater den Pass mit einer Vollmacht, dann brauchte man eine Unterschrift von mir, dann war die Passnummer falsch, ich hatte meinem Vater den Zweitpass geschickt. Immer wieder Sackgassen, immer wieder hatten wir Auswege gefunden. Als ich schließlich im ukrainischen Charkiw darauf wartete, dass die Post den Pass mit Visum liefert, verzögerte es sich wieder, unter anderem wegen eines Dacheinsturzes im Logistikzentrum und dann wegen eines Streiks am Frankfurter Flughafens. Himmel! Heute kann ich darüber lachen. Damals dachte ich nur: Das kann doch nicht wahr sein!

Es ist eine Zeit voller Rückschläge. Die unerwarteten Hindernisse durch die Pandemie, vor allem die damit verbundene Bürokratie, machten mir zu schaffen.

Ich weiß, dass alles Kopfsache ist, wenn man etwas schaffen will. Und das gilt nicht nur für körperlich anstrengende Phasen wie zum Beispiel in der Wüste, wo ich tagelang mit einer Lebensmittelvergiftung unterwegs war. Viel wichtiger ist es für mich, eine positive Einstellung zu behalten, wenn das Projekt plötzlich stagniert. »Auf die Dauer nimmt die Seele die Farbe der Gedanken an«, soll der Philosophenkaiser Marc Aurel gesagt haben. Ständiges Klagen und Jammern zieht in eine negative Grübelspirale. Und wer immer auf das Schlimmste vorbereitet ist, dem wird es womöglich irgendwann auch zustoßen. Ich will negative Gedanken deshalb nicht zulassen. Ich beginne sofort damit, das Problem zu lösen. Ich telefoniere, maile, recherchiere im Internet, lasse nichts unversucht. Und Ablenkung ist mir auch jederzeit willkommen. Als ich in Charkiw auf mein Visum für Russland wartete, das gerade unter dem eingestürzten Dach des Logistikzentrums in Deutschland begraben worden war, verbrachte ich viel Zeit mit dem örtlichen ukrainischen Radclub. Es gab Stadtführungen, Sightseeing-Touren per Rad, und schließlich nahmen mich zwei der neugewonnenen Freunde sogar zum Reiten mit. Auf einem breiten Pferderücken ritt ich durch ukrainische Wälder und hatte anschließend einen schweren Muskelkater. Spaß pur und dazu die Gewissheit: Es wird weiter gehen.

Am nächsten Tag stand ich wieder vor den russischen Kontrollposten. Die ukrainischen Beamten haben mich einfach grinsend durchgewunken. Man kannte mich schon vom Vortag. Ich hatte eine Nachricht bekommen, dass mein Name jetzt auf der aktuellen Liste des Innenministeriums stehe. Trotzdem wurde wieder geprüft, telefoniert und bei Chefs nachgefragt. Es blieb spannend. Drei Stunden lang. Dann hörte ich das befreiende Geräusch des Stempels in meinen Pass und die Worte: »Good luck, crazy boy!«. Geschafft. Auf Instagram entdeckte ich später einige neue Follower: russische und ukrainische Grenzbeamte.

IMPULS 19

Und es geht weiter mit Widerständen. Nachdem er lange Wochen in der Türkei mehr oder weniger im Kreis gefahren ist und nach schier unglaublichen Zufällen wie dem Zusammenbruch eines Logistikzentrums ist Jonas endlich an der russischen Grenze. Doch die Grenzbeamten wollen ihn – trotz Visums und Einladung des Olympischen Komitees – nicht durchlassen. Der Bürokratieschimmel wiehert. Erst beim nächsten Versuch steht er auf der richtigen Liste und darf durch.

Kleinigkeiten halten uns von unseren großen Zielen ab, äußerst unwahrscheinliche Zufälle und Unfälle passieren. Wir denken dann, das kann es doch gar nicht geben und gehen innerlich die Wände hoch. Und wer kennt sie nicht, die bürokratischen Grenzen – härter als Stahlbeton. Wie bleibe ich in einer solchen Situation konstruktiv – mit mir und mit anderen? Das ist eine wichtige Frage. Die Alternative, die wir oft spontan wählen: Resignation, Abwehr, Panikhandlungen, also Aggression nach innen und außen. Das bringt zwar kurzfristig in der Situation Entlastung, langfristig kommen wir damit aber nicht weiter. Was uns Jonas hier vor Augen führt: immer weiter die Geduld bewahren, buchstäblich Langmut zeigen und möglichst positive Ablenkungen suchen. Das »innere Gespräch«, die Selbstprogrammierung auf Geduld und mentale Ausdauer zu stellen, das scheint mindestens genauso wichtig zu sein, wie körperliche Ausdauer. Der Dialog mit mir selbst sollte positiv bleiben, Frust, Aggression und Wut innerlich rasch beruhigt werden. Jonas' Motto: Ich erlaube mir, eine kurze Zeit sauer zu sein, dann ist aber Schluss mit allem Negativen. Nachdem er an der Grenze abgewiesen wurde, isst er etwas und macht sich sofort an die Arbeit, um die Stagnation zu überwinden.

Schließlich bedingen sich körperliche und mentale Ausdauer wechselseitig. Der Kommentar der russischen Grenzbeamten »Good luck, crazy boy!« ist ein riesiges Kompliment. Denn Jonas ist es gelungen, trotz zum Himmel schreiender Bürokratie und monatelangem Warten umgänglich, freundlich und positiv zu bleiben.

Hilfreiche Fragen

Selbstreflexion: In welchen Situationen habe ich die Nerven verloren, was war die Folge? Konnte ich meine Ziele, Erwartungen erreichen?

....

....

....

....

....

....

....

....

Wie gelingt es mir, in schier aussichtslos und unüberwindlich scheinenden Situationen die Geduld zu behalten?

....

....

....

....

....

....

....

....

Wie oft trainiere ich meine mentale Ausdauer?

....

....

....

....

....

....

....

....

Träume leben – Träume loslassen

Mir stockte der Atem. Ich war richtig ergriffen und schwer begeistert. Ich glaube, ich hatte in diesem Moment im April 2021 sogar ein paar Glückstränen in den Augen. Nach Irkutsk war ich eine tolle Königsetappe durch die Berge gefahren, mit vielen langen Anstiegen bis auf 1000 Meter, ganz so, wie ich es liebe. Eine großartige Abfahrt, eine Kurve, und dann sah ich ihn: Vor mir erstreckte sich die riesige, weiße Fläche des Baikalsees, dahinter das Bergpanorama. Gigantisch schön. Ich musste anhalten, um diesen Moment in meinem Herzen zu speichern. Was für ein Glück.

Seit ich im September in München losgefahren war, hatte ich diese Situation immer wieder visualisiert. Vor vier Jahren war ich schon einmal hier gewesen, aber im Sommer. Im Winter, dachte ich, muss es noch viel beeindruckender sein. Ich stellte mir vor, wie ich auf dem Eis zelte, wie ich im eisigen Wasser bade, diese Träume waren meine Motivation. Wenn es irgendwo schwierig war, rief ich die Bilder vom Baikalsee ab. Als ich mich mit dem Schwimmfloß durch die Adria kämpfte, als ich in Istanbul dazu verdammt wurde, mich als Radtourist in der Disziplin der Geduld zu üben, oder als ich auf den ungeliebten russischen Landstraßen und Highways auf glatter Fahrbahn immer wieder haarscharf von Lkw überholt wurde. Immer hatte ich den See vor meinem inneren Auge. Das große Zwischenziel. Dann, kurz bevor ich es erreichte, stand auch noch ein grandioses Straßenschild am Weg, auf dem – zum ersten Mal auf meinem Weg durch Russland – Wladiwostok stand. Nur noch 3762 Kilometer, juhu, ich jubelte vor Glück. Was für ein Tag.

Jetzt ging es aber zunächst mal am Seeufer entlang. Die erste Nacht verbrachte ich im Zelt am steinigen Strand des Sees. Dann wurde der Badeplan umgesetzt. Zusammen mit Alexander, einem Einheimischen, der mich als Assistent eines russischen Dokumentarfilmers begleitete, schlug ich einen schönen Pool in die anderthalb Meter dicke Eisfläche. Ich hatte dringend ein Bad nötig, und dies war ein ganz besonders luxuriöses und eisiges Vergnügen. Anschließend fühlte ich mich wie neu geboren, die Haut kribbelte, die Kälte setzte Glückshormone frei. Andere gehen dafür in Städten in trendige Kältekammern. Ich hatte meine Kryotherapie an einem der schönsten Orte der Welt.

An diesem Tag fuhr ich nur noch 80 Kilometer, denn es galt, noch einen weiteren meiner Träume zu verwirklichen: das Zelt auf dem See aufzuschlagen. Da die Gleise der Transsibirischen Eisenbahn direkt am Ufer entlangführen, musste ich erst einen geeigneten Zugang finden. Schließlich baute ich mein Zelt 20 Meter vom Ufer auf der riesigen Eisfläche auf. Zum Sonnenuntergang setzte ich mich auf einen Baumstamm am Ufer, wärmte mich an einem Lagerfeuer aus Treibholz und beobachtete, wie sich die weißbläulich schimmernde Fläche vor mir dunkel färbte. Es war sehr kalt im Zelt auf dem Eis, aber ich schlief tief und fest. Glücklich. Am nächsten Tag hatte es geschneit, der Schnee ging mittags in Regen über, ich fuhr euphorisch weiter.

Ein weiteres Ziel, das ich immer wieder visualisierte, ist mein Lauf durch die USA. Ich wollte in San Francisco starten. Ich stellte mir die rot leuchtende Golden Gate Bridge vor, auf der einen Seite der Pazifik, auf der anderen die Bucht von San Francisco. Ich imaginierte die Wüstenstraße, die mich zum Monument Valley in Utah führt. Und ich träumte davon, wie ich in New York ins Ziel laufen würde, Times Square…

Forrest Gump ist der Lieblingsfilm meiner Kindheit gewesen, ich hatte ihn auf DVD und habe ihn immer wieder angeschaut. Mein Highlight war sein dreijähriger Dauerlauf durch Nordamerika. Ich war fasziniert davon, wie Forrest läuft, aber auch wie er unter den widrigsten Umständen immer wieder eine Lösung findet, nie den Mut verliert, und so viele Abenteuer besteht. Ich wollte quasi seinen Spuren folgen und in den USA ein deutscher Forrest Gump werden.

Schon Wochen, bevor ich in Wladiwostok ankam, hatte ich mit der Suche nach einem Schiff begonnen, das mich über den Pazifik bringen würde. Doch leider machte Corona mir einen Strich durch die Rechnung: Erstens gab es fast keine Schiffe im Hafen, und zweitens musste die Besatzung unter strengen Pandemie-Vorschriften an Bord bleiben und durfte keine Kontakte haben. Nicht einmal die Chefs der Reedereien konnten an Bord. Obendrein würde ich wegen der Pandemie keine Aufenthaltserlaubnis bekommen. Die Grenzen waren dicht.

USA-Traum zerplatzt. Was nun? Um meinen 120-fachen Ironman zu verwirklichen, brauchte ich eine Laufstrecke von 5060 Kilometern. Ziemlich schnell ließ ich meinen völlig aussichtslosen USA-Traum los. Ich begann sofort mit der Suche nach Alternativen. Schrieb wieder E-Mails und telefonierte. Die Zeit drängte, denn mein Russland-Visum drohte auszulaufen. Zu viel Geduld würde in dieser Situation nicht helfen. Lange fackeln war nicht angesagt. Kanada? Einreisesperre. Die Entscheidung fiel innerhalb kurzer Zeit: Mexiko. Die Sicherheitslage dort mag nicht so gut sein wie in den nordamerikanischen Ländern, aber die Grenzen waren offen. Es hat keinen Zweck, an Plänen festzuhalten, die objektiv betrachtet nicht umsetzbar sind. Ich kann Träume schnell loslassen und nach Auswegen suchen. Wichtig ist, dass ich mein großes Ziel erreiche, den Triathlon um die Welt.

Während ich versuchte, ein Schiff zu finden, begann ich mit der Planung. Ich würde in Tijuana starten, die Halbinsel Baja California hinunter nach Süden laufen, dann per Schiff aufs Festland, hoch in die Berge auf 3000 Meter, Mexiko City, Oaxaca, Chiapas und schließlich Cancún, jeden Tag ein Marathon, 120 Tage lang. Für die Planung hatte ich viel mit Leuten telefoniert, die sich vor Ort auskennen. Dann hatten wir den sichersten Weg ausgewählt. Doch die Suche nach einem Schiff wurde immer verzweifelter. Schließlich musste ich noch ein wichtiges Vorhaben meiner Tour aufgeben: Ich wollte möglichst CO_2-neutral unterwegs sein, doch zum Zeitpunkt der Pandemie mit ihren vielen Reisebeschränkungen hatte ich keine Chance. Es ließ sich absolut kein Schiff finden, und mein Visum lief ab. Schließlich stand ich vor der Entscheidung: Alles aufgeben oder fliegen. Etwas zerknirscht buchte ich einen Flug über den Pazifik, um in Mexiko meine Laufstrecke absolvieren zu können.

IMPULS 20

Jonas' Träume werden zu seinem Erleben, seiner Wahrheit. Immer wieder hatte er den Baikalsee innerlich visualisiert, eine Vision, die ihn durchhalten ließ und ihm Kraft gab. Er verwirklicht diese Vision und zeltet auf dem See. Als Forrest Gump durch die USA laufen: ein Kindheitstraum, der ihn mindestens so stark wie die Baikalsee-Vision antrieb. Und dennoch: Er muss von seinem Traum ablassen. Er muss loslassen, auch um sein Projekt nicht zu gefährden. Ein Glück, wie sich erst später herausstellt.

Viele Leistungs-Sportler erzählen von der Kraft der Visionen, von ganz konkreten, emotional stark verankerten Bildern des Zielzustands (»inner state«). Auch Jonas nutzt diese Technik, wenn man sie überhaupt als Technik bezeichnen kann. Es ist eher ein Muster. Was wir davon lernen können: Wie oft visualisieren wir uns selbst unsere Zukunftsbilder? Spitzensportler machen dies täglich.

Das bedeutet, im Spannungsfeld zu leben. Wenn wir voll fokussiert auf die Vision, den Traum sind, bringt uns das vorwärts. Auch, wenn der Traum nicht wahr wird. Dann müssen wir bereit sein, uns auch umstellen zu können. Loslassen und neue Ziele anvisieren, ohne lang zu hadern. Diesen entscheidenden Punkt zu finden – wann lasse ich ab und fokussiere mich auf etwas Neues, und wie schnell schaffe ich diese Umstellung? –, scheint mir ebenfalls ein wichtiger Erfolgsfaktor zu sein.

Hilfreiche Fragen

Wenn ich ehrlich zu mir bin: Wie stark spüre ich meine persönliche Vision? Inwieweit erfüllt diese einen Traumanspruch?

....

....

....

....

....

....

....

....

Wie oft denke ich daran (täglich, wöchentlich, manchmal, gar nicht)?

....

....

....

....

....

....

....

....

Was waren die Zeiten in meinem Leben, in denen ich die Kraft von Träumen und Visionen am stärksten erlebt, gespürt habe?

....

....

....

....

....

....

....

....

Wie schnell gelingt es mir, mich umzupolen, mir selbst neue Visionen zu geben, neue Träume anzuvisieren?

....

....

....

....

....

....

....

....

Der Schokoriegeleffekt – Große Ziele, kleine Schritte

Ich war seit sieben Monaten (fast) nicht mehr gelaufen, als ich an der Grenzmauer zu den USA zu meinem ersten Marathon startete. Den ersten von 120 auf meinem Weg quer durch Mexiko, von West nach Ost, von Tijuana bis nach Cancún. Ich lief durch Tijuana, dann auf dem »Highway No 1«, und ich dachte: perfekt! Rechts der blaue Pazifik, die Straße und der Seitenstreifen breit genug, sodass ich mich nicht vor dem Verkehr fürchten musste, die Sonne schien. Auf den ersten Kilometern fühlte ich mich erstaunlich gut, zog meinen Trailer leicht voran. Ich hatte ja genug anderes Training, dachte ich. Zu früh gefreut. Nach etwa 35 Kilometern begannen meine Beine brutal zu schmerzen, besonders die Fußgelenke und alle Muskeln. Die letzten Kilometer dieses ersten Marathons humpelte ich nur noch voran. Als ich nach 42 Kilometern Rosarito erreichte, war jeder Schritt eine einzige Qual. Ich wusste: Es wird hart jetzt. Was die Ausdauer angeht, war ein Marathon kein Problem für mich, aber die Muskeln waren auf andere Sportarten eingestellt, vor allem aufs Radfahren. Und ich hatte quasi einen Kaltstart in einen Marathon hingelegt. Einlaufen war bei meinem Triathlon um die Welt nicht vorgesehen.

Ob mit Lebensmittelvergiftung in der afrikanischen Wüste, mit Matsch auf russischen Landstraßen kämpfend oder mit heftig schmerzenden Beinen in der Baja California nach dem allerersten Marathon, in solchen Situationen fokussiere ich mich nicht auf das große Ziel, sondern auf kleine Zwischenziele. Ich denke nicht: Jetzt hast du (erst) 42 von gut 5040 Kilometern geschafft, sondern habe schlicht den nächsten Schokoriegel vor Augen. Es ist das nächste kleine Ziel, das ich schaffen will, ich muss immer nur bis zur nächsten Belohnung durchhalten. Diese Strategie verfolge ich schon lange, wahrscheinlich seit meiner Kindheit, und habe sie Schokoriegeleffekt genannt. Denn schon immer esse ich sehr gerne Schokolade, vor allem Snickers, und diese ganz persönliche kleine Lieblingsbelohnung gibt es fast überall auf der Welt. Wenn ich morgens irgendwo bei meinem Abenteuer die täglichen Meilensteine plane, dann sind es die Schokoriegel, die Tankstelle, der Supermarkt, das Restaurant. Bis dahin will ich kommen, dann sehe ich weiter. Natürlich gibt es die großen Ziele, wie eine Nacht auf dem Baikalsee zu verbringen oder am Ende in München auf dem Odeonsplatz anzukommen, aber dazwischen eben viele, viele kleine Schokoriegel. So ein Zwischenziel kann vieles sein und ist selbstverständlich für jeden etwas anderes. Es könnte schlicht eine heiße Dusche sein, ein köstliches Dinner, eine Nacht unterm Sternenhimmel oder ein lustiger Abend. Die Ziellinie mag häufig nicht zu sehen sein, aber der nächste Schokoriegel ist nie weit weg.

Filmemacher Markus und mein neuer Freund Leonardo, der schon ein paar Kilometer der ersten Etappe mitgelaufen war und von dem später noch ausführlich die Rede sein wird, hatten mich in Rosarito erwartet, und mit ihnen hinkte ich in eine Bar, in der BHs und Dollarnoten an den Wänden hingen. Ich ließ es mir gut gehen, wir aßen und tranken, wechselten von Bier auf Tequila mit Salz und Zitrone, irgendwann tanzte ich mit wunden Beinen. Was für ein schöner Abend.

Am nächsten Morgen war es nicht der Kater, der mir zu schaffen machte. Schon als ich den ersten Fuß aus dem Bett (aus Sicherheitsgründen hatte ich hier im Hotel übernachten müssen) setzte, fühlte sich das Aufstehen unmöglich an. Bei jeder Belastung der Beine schoss ein scharfer Schmerz durch meinen ganzen Körper. Ich musste mich am Geländer abstützen, als ich über die Hoteltreppe nach draußen ging. Unter den besorgten Blicken von Markus schloss ich den Hüftgurt meines Trailers und ging los. Der Schmerz war riesig, er ließ nicht nach, aber ich lief dagegen an und gewöhnte mich an ihn, während ich mich auf den nächsten Schokoriegel konzentrierte. Und am Wegesrand in Mexiko gab es viele: verheißungsvolle bunte Stände, an denen ich Kokoswasser aus frischen Nüssen trinken konnte. Und ich liebte das landestypische Essen, Tacos, Enchiladas, Burritos. Alle diese »Schokoriegel« waren die kleinen Zwischenziele, die ich etwa für Kilometer 15 und 30 fest eingeplant hatte und auf die ich mich freute, während mich der Schmerz die ersten Tage in Mexiko buchstäblich auf Schritt und Tritt begleitete. Zudem musste ich mich mit dem noch ungewohnten Trailer mühen, der mich bergauf zurückhielt und bergab vorwärts schob. Erst zog ich ihn nur hinter mir her, dann kam ich auf die Idee, ihn ab und an zu schieben – lief besser. Nach einer Woche merkte ich, dass sich mein Körper an die Belastungen angepasst hatte. Ich konnte nun fast schmerzfrei laufen und auch mein Tempo endlich steigern. Nach etwa zwei Wochen fühlte ich mich ausgezeichnet, mein ganzer Körper hatte eine Transformation durchgemacht: Ich war mit rund 79 Kilogramm gestartet und wog jetzt zehn weniger. Ich war quasi in zehn Tagen zu einem der leichten Ultraläufer mutiert. Das war gut, denn so drückte weniger Gewicht auf meine Knie und Gelenke. Ultraläufer müssen wenig wiegen. Und ich war jetzt bereit für die nächste große Herausforderung: die mexikanische Wüste, die vor mir lag und für die ich meinen Trailer mit sieben Litern Wasser und Essen für zwei Tage beladen würde. Auf zur nächsten Etappe und zu vielen, vielen Schokoriegeln. Etwa einer Nacht in einsamer Wüstenlandschaft zwischen exotischen Kakteen unter leuchtendem Sternenhimmel. Fern aller Lichter der Zivilisation. Ein »Schokoriegel«, auf den ich mich besonders freute.

IMPULS 21

Die Beine schmerzen arg in den ersten Tagen des Mexiko-Marathons, die Lebensmittelvergiftung in der Sahara bringt ihn an die Leistungsgrenze, der Matsch und die schier unendlichen sibirischen Straßen sind ein harter Gegner. Das Ziel am Ende Tausende Kilometer entfernt und nahezu unrealistisch. Was hält Jonas am Laufen, Schwimmen und Radfahren: die Aussicht auf den nächsten »Schokoriegel«, in welcher Form auch immer.

Ein zentraler Aspekt des Erfolgsrezepts von Jonas scheint in seiner Fähigkeit zu liegen, Paradoxien auszuhalten, diese für sich zu nutzen. An einem Ende des Spannungsfelds steht, wie in den vorigen Kapiteln beschrieben, die Kraft der großen Vision, des großen Traums. Er denkt mehrmals täglich daran, visualisiert sich den Endzustand, das Ziel. Auf der anderen Seite der Schmerz im Hier und Jetzt, die Mühen, die Anstrengungen, die Aussichtslosigkeit, die ewige Ferne des Zieles. Die schiere Unerreichbarkeit der Vision.

Jonas' Ausweg aus dieser Paradoxie, sein »Way Out«, ist der Fokus auf die kleinen Etappen. Die volle Aufmerksamkeit auf die nächsten Schritte, auf das, was für ihn persönlich im Moment als Nächstes machbar ist. Die nächste Belohnung, oft der nächste Schokoriegel, der Schokoriegel, der zwar auch erst erreicht werden muss, aber in einer Entfernung, die machbar ist.

So bleibt er in seiner Handlungsfähigkeit, in seinem Circle of Influence, er belohnt sich für das, was im Hier und Jetzt möglich ist. Der nächste Schokoriegel, seine Lieblingsvariante, ist der fast auf der ganzen Welt erhältliche Snickers-Riegel. Er beweist aber auch Flexibilität, wenn er zu anderen »Schokoriegeln« greift. Ein Riegel kann vieles sein, ein netter Abend in der Bar, der nächste Kokosnussstand, sein Zelt unter Sternen. Im Kontext großer und emotional total wichtiger Visionen geht es zunächst um kleine Etappen und Belohnungen. Und die plant Jonas täglich ein, wo wird er stoppen, wo sich etwas gönnen? Wann hat er den nächsten Schokoriegel verdient? Der Schokoriegel ist nichts ohne die große Vision, der Traum ist nichts ohne den nächsten Schokoriegel. Vom Träumen in die Realität des Tages: die Taktik der kleinen Schritte.

Hilfreiche Fragen

Wie lebe ich die Spannung von »Großen Zielen« und »Kleinen Schritten«?

....

....

....

....

....

....

....

....

Was sind meine nächsten Etappen?

....

....

....

....

....

....

....

Was sind meine Schokoriegel? Wofür sollte ich mich (sinnvollerweise) selbst immer wieder belohnen?

....

....

....

....

....

....

....

Wie bleibe ich handlungsfähig auf den nächsten Kilometern?

....

....

....

....

....

....

....

....

Was ist der nächste kleine Schritt Richtung Ziel?

- KAPITEL 5 -

BEGEISTERUNG FINDEN – WENN DINGE INS ROLLEN KOMMEN

»Das Limit ist nur im Kopf.«

Der Jonas-Effekt – Einfach mitreißend

Der erste war Leonardo. Ich war gerade dabei, an dem schrecklichen Grenzzaun zu den USA, den die Mexikaner »La Zona Trump« nennen, meinen Trailer startklar zu machen, da kam er etwas schüchtern auf mich zu. Ein Freund aus Berlin habe ihm von mir erzählt. Ob er ein Stückchen mitlaufen dürfe? Er wollte bei meinem ersten Marathon in Mexiko dabei sein. Ein paar Kilometer am ersten Tag, mehr nicht. Wir starten gemeinsam. Es ist eine spektakulär schöne Strecke im mexikanischen Bundesstaat Baja California, rechts mit Ausblick auf den Pazifik mit Palmenhainen und Traumstränden, links die typische kalifornische Macchia mit von grünem Gestrüpp überzogenen Felsen. Leonardo wollte zehn Kilometer mitlaufen, blieb aber schon am ersten Tag 20 Kilometer dabei. Und am nächsten Tag war er wieder da, schließlich hat er sich zehn Tage Urlaub genommen, er kam immer wieder. Er traf mich wieder in Mexiko-Stadt und auch am Ende beim letzten Marathon in Cancún.

Er hatte sich im Fitnessstudio eingeschrieben, trainierte jeden Tag und hatte ein Ziel: »Ich laufe den letzten Marathon mit dir.« Am Ende war aus einem unsportlichen jungen Mann ein Läufer geworden. Die vielen Tage, die er mit mir verbrachte, seien die schönsten und wichtigsten seines Lebens gewesen, sagte er. »Jonas zog mich in seinen Bann auf die leichteste Weise, die es gibt: Er tat, was er wollte mit aller Konsequenz und ließ sich durch nichts beirren.« Es macht mich sehr stolz, dass ich so zu einem mitreißenden Vorbild werden konnte, dass ich mit meiner positiven Einstellung anderen helfen kann.

In Mexiko habe ich viele Menschen begeistert. Rückblickend muss ich sagen, es war eine glückliche Fügung, dass ich wegen der Pandemie nicht, wie ursprünglich geplant, durch die USA laufen konnte und die südlichere Route nehmen musste. Die Menschen in Mexiko sind so positiv. Leonardo war der erste, aber schließlich waren es Tausende von Leuten, die mitgelaufen sind, sie reisten aus ganz Mexiko an, um mich ein kürzeres oder längeres Stück zu begleiten. Vom kleinen 10-jährigen Jungen bis zum Opa, es waren auch Ultraläufer dabei, aber der Großteil waren ganz normale Leute, die noch nie im Leben auch nur länger gejoggt sind. Sie liefen so weit mit, wie sie konnten. Aber ich habe auch mehr als über 100 Leute dabeigehabt, die mit mir ihren ersten Marathon schafften, obwohl sie vorher noch nie mehr als 20 Kilometer gelaufen waren. Ein Mann stieß vor Mexiko-Stadt dazu, da waren etwa 50 Läufer dabei – die Polizeieskorte nicht mitgerechnet. Er wollte bis zu seiner Wohnung in der nächsten Ortschaft mithalten, das war etwa 14 Kilometer entfernt. Er hatte auch nichts dabei außer seiner Kleidung und lief schließlich aus dem Stegreif den ganzen Marathon mit, und am nächsten Tag begleitete er mich auch noch mit in die Stadt. Abends rief er seine Familie an: »Sagt Mutti, dass ich mit Forrest laufe, ich komme in zwei Tagen nach Hause.« Der deutsche Forrest Gump, das war mein Spitzname in Mexiko geworden.

Roberto nannte es den Jonas-Effekt. Roberto war als Kameramann schon in der Baja California dazugekommen. Zuerst war es nur ein Teil seines Jobs, mich zu begleiten. Schließlich lief er auch in seiner Freizeit mit, auch er ist bis heute sportlich geblieben. Das Ziel nicht aus den Augen verlieren, große Strecken in kleine Etappen einteilen, immer positiv bleiben und Spaß an der Reise haben. So beschreibt Roberto den Jonas-Effekt.

Der Jonas-Effekt gefällt mir. Dass die Leute sehen, mit welcher Leidenschaft ich meinen Job mache, und dass ich keinen Zweifel daran habe. Das steckt an und bewegt andere, selbst über ihre Grenzen zu gehen. Ich bekomme ständig Nachrichten von Menschen, die schreiben, dass ich ihnen geholfen habe, sie motiviert habe, etwas Neues zu machen, sei es im Sport, sei es eine Weltreise oder sei es, das eigene Unternehmen aufzubauen.

Das Limit ist nur im Kopf, und das ist in Mexiko ganz besonders vielen Menschen deutlich geworden.

IMPULS 22

Jonas erlebt in Mexiko, dass sein Tun ansteckend wirkt. Er wird durch sein konsequentes Handeln für andere zum Vorbild, er wirkt durch seine offene Art einladend. Schlussendlich läuft eine ganze Fangemeinde mit ihm durch Mexiko. Auch online wirkt es begeisternd, er bekommt viel positives Feedback von Leuten, die er »angesteckt« hat mit seiner abenteuerlichen Konsequenz.

In Mexiko wird Jonas bewusst, welche Vorbildwirkung er hat und wie er Menschen begeistern kann. Oft sind wir uns nicht bewusst, für wie viele Menschen wir zumindest ein Bezugspunkt sind – ob persönlich oder beruflich.

Jonas agiert konsequent, er zieht sein Ding durch, er brennt für seine Vorhaben und kann so auch das Feuer der Begeisterung bei anderen entfachen. Auch weil er immer freundlich und einladend auf andere zugeht, seine Umgänglichkeit wirkt positiv verstärkend. Zudem lässt er sich auch gern von anderen begeistern. Dadurch entwickelt sich eine positive Spirale. Begeisterung schafft weitere Begeisterung, schließlich entsteht eine besondere Energie und Motivation, die alle im sehr guten Sinne antreibt.

Es gibt gerade im beruflichen Umfeld viele Einzelkämpfer, die ihre Projekte durchziehen, ohne Begeisterung zu entfachen, weil sie sehr nach innen zentriert agieren und wenig kommunikativ sind. Was außerordentliche Führungskräfte in Unternehmen auszeichnet, ist, dass sie ihre Leistung bringen, immer kombiniert mit einem Gefühl der Leichtigkeit, die sie nach außen abstrahlen.

Hilfreiche Fragen

Wo bin ich allein durch mein Tun für andere ein Vorbild?

....

....

....

....

....

....

....

....

Welche Aspekte aus meinem Leben könnten für andere inspirierend und ansteckend sein?

....

....

....

....

....

....

....

....

Wie kann ich noch einladender wirken, bei meinen Vorhaben mitzumachen?

....

....

....

....

....

....

....

....

Wo ist meine Quelle der Leichtigkeit?

....

....

....

....

....

....

....

....

»El Forrest Gump Alemán« Ein Hund als Zünglein an der Waage

La Coqueta liebt das Laufen. Vielleicht hatte sie mich auch deshalb ausgesucht, vielleicht wollte sie einmal richtig weit laufen. In El Salto, einer kleinen Stadt auf der mexikanischen Hochebene, umgeben von Wäldern, war ich von Einheimischen herzlich empfangen worden, hatte eine Hotelübernachtung und ein Essen spendiert bekommen. Mein Ruf als deutscher Forrest Gump eilte mir zu diesem Zeitpunkt in Mexiko bereits voraus, sodass selbst die Drogenkartelle mich in ihren Gebieten freundlich beobachteten und passieren ließen. Man kannte mich, erwartete mich und freute sich auf meine Besuche.

Am nächsten Morgen begleitete mich der einheimische Laufclub ein Stück aus El Salto hinaus. Auch dabei: La Coqueta, eine Straßenhündin, die oft einfach mithielt. Und die schnell beschloss, sich nicht von mir zu trennen, denn sie lief weiter neben mir, auch nachdem der letzte menschliche Begleiter zurückblieb. »Geh wieder zurück, lauf zu den anderen«, forderte ich die Hündin auf. Die Antwort: Schwanzwedeln. Beim nächsten Restaurant bekam sie etwas zu fressen, und ich bat den Wirt, sie abzulenken, während ich weiterlaufe, mich davonmachen will. Es dauerte nur wenige Minuten, dann war La Coqueta wieder da. Nachts schlief sie vor meinem Zelt, um mich morgens freudig zu begrüßen. Und die Hoffnung, dass sie irgendwann schlapp macht und freiwillig zurückkehrt, musste ich aufgeben. Diese Hündin lief locker einen Marathon.

Ich beschloss, sie vorübergehend zu adoptieren, bis wir nach drei Tagen und 130 Kilometern in Durango ankommen würden. Bis dahin musste ich einen Platz für meine lauffreudige Begleiterin gefunden haben, denn mein Weg würde nun wieder in Gegenden mit viel Verkehr und schließlich in den dichten Verkehr der gigantischen Metropole Mexiko-Stadt führen. Eine gefährliche Umgebung für das Tier. Ich hätte sie gerne behalten, aber das ging einfach nicht. Also bat ich auf Instagram, Facebook und bei lokalen Fernsehsendern um Hilfe: Wer wollte die fitte Hündin adoptieren? Ein Post, der in rasender Geschwindigkeit viral ging, mehr als eine Millionen Leute hatten die Nachricht in kürzester Zeit gesehen und immer wieder geteilt. Schon am nächsten Tag war die Geschichte auch in den nationalen TV-Nachrichten. Kurz vor Durango schlossen sich dann dem »Forrest Gump Alemán mit Hund« immer mehr Läufer, Radfahrer, ein hupender Autokorso und sogar eine Polizeieskorte an. Ich war nun nicht mehr nur bekannt, sondern berühmt.

Einer rennt durch Mexiko auf seinem Triathlon um die Welt, das ist eine schöne Geschichte. Aber es sind diese vielen Mikrostorys, die dazu geführt haben, dass ich in Mexiko zu einer Marke wurde. Rückblickend war die Geschichte um die Hündin die emotionalste und stärkste, deshalb wurde ich damit zum Star. Daneben gab es viele andere medienwirksame Storys: der erste Polizist, der beschloss, mitzulaufen. Der Einbeinige, der auf zwei Krücken rannte. Praktisch jeden Tag passierte etwas Neues, über das berichtet wurde. Das war natürlich nicht planbar. Genauso wenig wie das Treffen mit Leonardo, der nichts über mich wusste, aber mal ein paar Kilometer mitlaufen wollte. Drei Tage später hatte er einige Journalisten zu einem Abendessen mit mir eingeladen. Das war ein weiterer Grundstein für den großartigen Medienhype um mich als Profi-Abenteurer in Mexiko. Und es war ja eigentlich überhaupt nicht vorgesehen, dass ich durch Mexiko laufe. Der Zufall beziehungsweise Corona hatte mich dorthin verschlagen. So durfte ich eines der begeisterungsfähigsten und hilfsbereitesten Völker der Erde kennenlernen.

Nach der Geschichte mit La Coqueta war ich ein Prominenter. Fühlte mich wie ein Fußballnationalspieler. Überall, selbst im kleinsten Ort, erhielt ich eine Einladung vom Bürgermeister, offizielle Ehrungen von Kultusministerien, Polizeieskorten. In Mexiko-Stadt begleiteten mich nicht weniger als zehn Polizeimotorräder und acht Wagen, die die Straßen sperrten. Überall sangen die Leute, bejubelten mich, Hunderte wollten ein Stück mitlaufen. Immer wieder gab es neue Geschichten, die viral gingen. Etwa die von dem Polizisten, der keine Lust mehr hatte, mich untätig im Polizeiauto zu eskortieren. In voller Montur, mit der Maschinenpistole vor dem Bauch, die er ja nicht weglegen durfte, lief er schließlich neben mir. Ein Bild, das wieder viele Millionen Views brachte. Und das viele seiner Kollegen animierte, denn von nun an lief die Polizei mit. Und irgendwann wartete morgens sogar ein ganzes Bataillon am Straßenrand, um mich mit Marschliedern zu begleiten. Unterwegs spielten Mariachi-Bands, in manchen Orten ließen sie sogar die Sirenen heulen, wenn ich – mittlerweile immer mit einem riesigen Tross an Mitläufern – die Stadtgrenze erreichte. Meine Ankunft wurde zum Volksfest, fast jeden Tag berichteten mindestens ein lokaler TV-Sender und oft die nationalen Nachrichten, ich stand auf den Titelseiten der Zeitungen. Manchmal konnte ich nicht anders, als mir verwundert die Augen zu reiben, was für eine Welle ich da losgetreten hatte – ich, Jonas Zauberlehrling Deichmann. Und es ging so weiter! In der Stadt Zacatecas, der reichsten mexikanischen Silberstadt, konnte Kameramann Roberto wieder einige Tage dazustoßen, dank eines großzügigen Reisekostenzuschusses des Tourismusministeriums. So filmte er auch, wie ich drei Tage später in Aguascalientes bei einem Baseballspiel der ersten mexikanischen Liga den Eröffnungsball werfen durfte. Es kommt eins zum anderen. Läuft!

IMPULS 23

Die schicksalshafte Begegnung mit der Hündin La Coqueta. Sie läuft ihm zu. Erst will Jonas sie loswerden, sie bleibt hartnäckig und begleitet ihn einige Marathons. Ein Glücksfall auch für Jonas: Die Story erzielt eine unglaubliche Social-Media- und TV-Reichweite, als Jonas beschließt, für La Coqueta Adoptiveltern zu finden. Die Baseballmütze hatte er selbst mitgenommen und dadurch seinen Spitznamen »Forrest Gump Alemán« getriggert – kombiniert mit der La-Coqueta-Story wird er zu einem absoluten Star.

Es ist fast paradox: Die unglaublich starke sportliche Leistung, die 120 Marathons hintereinander, mutieren quasi zur Basisleistung – entscheidend für die Bekanntheit werden scheinbare Kleinigkeiten wie eine mitgenommene Baseballmütze und eine dahergelaufene Hündin. Und das ist wahrscheinlich auch eine der wichtigsten Eigenschaften von Jonas: Wo andere Sportler vorbeigerannt wären oder sich keine Gedanken gemacht hätten, ist Jonas absolut aufmerksam, offen und aufgeschlossen. Er erkennt zusätzliche Chancen und ergreift sie. Mit Abenteuersport ein Start-up aufzuziehen, bedeutet vor allem Medienarbeit. Und erst die Anreicherungen von Erlebniskomponenten machen aus einer reinen Leistungsschau eine gute, emotional wirksame und authentische Story. Da diese Storys nicht immer planbar sind, sind

Aufgeschlossenheit für Unerwartetes, das Reagieren und Erkennen von sich ergebenden Chancen extrem wichtig. Aus der Forschung kennt man den Begriff »Serendipity« - glückliche Zufälle, die zum Beispiel zur Erfindung des Penicillins geführt haben: Der Bakteriologe Alexander Fleming entdeckte 1928 nach dem Sommerurlaub zufällig grüne Schimmelpilze in einer Petrischale, die er nicht gewaschen hatte. Und stellte fest, dass der Schimmel alle Bakterien getötet hatte. So entwickelte er eine für die Bakterien tötende Substanz aus dem Pilz: Penicillin, das erste Antibiotikum.

Was wir aus diesem Beispiel lernen können, ist die Aufgeschlossenheit für mögliche Glücksfälle, Situationen herzustellen, in denen sich diese auch ergeben können. Nicht nur die eigenen krampfhaften Versuche, große Ziele zu erreichen, sehen, sondern mit Leichtigkeit die Chancen auf dem Weg erkennen und nutzen, hin zu möglichem Glück - auf Basis all der harten Arbeit, die wir leisten.

Hilfreiche Fragen

Reflexion: Was waren Glücksfälle in meinem bisherigen Leben, und was hatte dazu geführt, dass sie eingetreten sind?

....

....

....

....

....

....

....

....

Wie offen bin ich für sich plötzlich auftuende Chancen?

....

....

....

....

....

....

....

....

Habe ich in meinen Plänen auch Unschärfen bzw. notwendige Ergänzungen/Impulse von außen zugelassen, die mich erfolgreich machen können?

....

....

....

....

....

....

....

....

Das Ende ist der Anfang

IMPULS 24

von Alexander Doujak

Eine gedankliche Reise durch die Lebensgeschichte von Jonas und Anregungen für unser eigenes Leben liegen hinter uns. Einige haben uns die ganze Reise lang begleitet, andere haben an wenigen Stationen Halt gemacht. Zu guter Letzt wollen wir das GANZE sehen, quasi im Helikopter aufsteigen, alles von oben betrachten und für uns reflektieren. Ob der Schokoriegeleffekt, die »Do shit first«-Regel oder der Powernap: Dieses Buch hat uns rund um die Erde und zu einer Fülle von Storys, Abenteuern, Impulsen und weiterführenden Fragen geführt. Zum Schluss nun die wichtigste Frage: Was kann das alles für jeden von uns persönlich bedeuten? Wie ergänzt es sich zu dem Puzzle unseres Lebens? Die Figur Jonas tritt nun in den Hintergrund, im Vordergrund stehen wir, mitten in unserem Leben. Ein Anfang ist gemacht, ein neuer Weg liegt vor uns.

Mit diesem Buch haben wir einen großen Schokoriegel an die Hand bekommen, gefüllt mit 24 kleinen Schokoriegeln (Impulsen), die jeder unterschiedlich nutzen und für sich selbst weiterentwickeln kann. Es steht uns frei, mit welchem Riegel wir beginnen, für den einen wird es vielleicht wichtig sein, die »Do shit first«-Regel in seinem Leben zu etablieren, der andere wird zuerst an sinnvollen Pausen arbeiten. Jeder darf jetzt für sich entscheiden, was für ihn das Dringende, das Erste ist.

Was sich durch alles zieht, ist die Haltung, die Grundüberzeugungen. Die sogenannten basic beliefs möchte so zusammenfassen:

- Die Welt bietet mir viele Chancen, mein Leben eigenverantwortlich zu gestalten.
- Ich kann Wege gehen, die noch niemand gegangen ist.
- Wenn ich etwas im Kleinen schaffen kann, schaffe ich es auch im Großen.
- Die Belohnung liegt am Ende der nächsten Etappe.
- All das schaffe ich mit Leichtigkeit und Freundlichkeit zu mir selbst und meiner Umgebung.

Die einzelnen Fragen, die Impulse, die Bilder im Kopf, die durch die Schilderungen der verschiedenen Stationen entstehen, können meine Sicht der Welt ergänzen, mir Lust machen, Neues auszuprobieren und einfach meinen Stärken zu vertrauen. »Das haben wir schon immer so gemacht«, ist kein Grund, es nicht einmal anders zu versuchen. »Das schaffe ich nicht«, ist kein Motto, mit dem ich an den Start gehen werde. So wird das Ende dieses Buches der Anfang einer persönlichen Reise. Und auch hier ist es das Wichtigste, überhaupt zu beginnen. Wie Jonas, der es immer kaum erwarten kann, an den Start zu gehen. Wir sollten uns mit der Einstellung »Es wird gelingen« auf die Reise begeben, denn eines ist auch klar: »Von nix kommt nix«. Und der größte Fehler wäre, erst gar nicht zu versuchen, etwas zu verändern.

Die Verantwortung für die eigene Weiterentwicklung liegt bei uns, wir können sie gestalten. Wir können etwas tun. Der erste Schritt ist der wichtigste, der nächste ergibt sich von allein. Keep Developing. Oder wie Jonas sagen würde: Wer nur einen Kilometer schwimmen kann, kann auch 400-mal einen Kilometer schwimmen. Etappe für Etappe, Schritt für Schritt.

Unsere persönliche Danksagung

Mein Dank gilt Jonas, der so unvermittelt in meiner beruflichen und privaten Welt aufgetaucht ist und mich seitdem mit seiner positiven, freundlichen und bejahenden Art inspiriert und bestärkt.

Allen, die dazu beigetragen haben, die Gedanken zu entwickeln, insbesondere dem Team von »Doujak Corporate Development«, das in Workshops mit Jonas die vielfältigen Impulse mitentwickelt hat, sowie die Kunden, mit denen wir gemeinsam gearbeitet haben, und die sich in virtuellen Sessions aus Nowosibirsk, Wladiwostok und Mexiko mit der Erlebniswelt von Jonas auseinandergesetzt haben.

Meiner Tochter Stephanie, die mir Anregungen für die Gestaltung und die Schreibweise gegeben hat.

Wilhelm und Philip vom Verlag GRÄFE UND UNZER, die uns sehr professionell und persönlich betreut haben.

Und vor allem Eva Meschede, die unsere Gedanken und Notizen in wunderbare Storys verwandelt hat.

Das Arbeiten am Buch selbst war wie eine schöne Reise, beginnend mit den gemeinsamen Teamtagen im Kärntner Sommer und einem intensiven virtuellen Austausch.

Dr. Alexander Doujak

Ich danke Alexander Doujak für so viel mehr als nur die gute Zusammenarbeit an diesem Buch. Durch die Gespräche mit ihm reflektiere ich selbst mein Leben und lerne, meine Welt als Abenteurer und Sportler in einen anderen Kontext zu setzen.
Dem Team von »Doujak Corporate Development« für die Workshops in Wien und das Weiterentwickeln unserer Ideen.
Eva Meschede für die vielen Gespräche und spannenden Texte, welche daraus entstanden sind.
Markus Weinberg, der mich als Fotograf und Filmemacher rund um die Welt begleitet hat und dabei zu einem guten Freund wurde.
Wilhelm Klemm und Philip Laubach vom Verlag GRÄFE UND UNZER für das Vertrauen und die Betreuung und Umsetzung unserer Buchprojekte.
Meiner Familie, die immer an mich geglaubt hat und ohne die ich nicht der Abenteurer wäre, der ich heute bin. Vor allem meinem Vater Sammy, der mir als Manager den Rücken freihält.
Den vielen Freunden und Fremden, die mir auf meinen Reisen auf so unterschiedliche Art und Weise geholfen haben.
Meinen Sponsoren und Partnern, ohne die solche Projekte nicht möglich wären. Ganz besonders Doujak Corporate Development, Shimano Deutschland, Paul Lange, Turck, Helden.de, Apollo Optik, SCOTT, Ortlieb Globetrotter, HOKA, Schwalbe, Komoot, Wahoo, Ryzon, Supernova, Lightweight und Ergon.

Jonas Deichmann

Impressum

GRÄFE UND UNZER

Gräfe und Unzer ist eine eingetragene Marke der GRÄFE UND UNZER VERLAG GmbH,
www.gu.de

ISBN 978-3-8338-8816-8
1. Auflage 2023

Projektleitung: Wilhelm Klemm
Lektorat: Thomas Rath für booklab, München
Schlusskorrektur: Christiane Gsänger, Richard Schumm
Bildnachweis: Titelbild: Jonas Deichmann Andrej Bavchenkov 124 | Jonas Deichmann 10, 39, 86 | Markus Weinberg 156
Umschlaggestaltung & Layout: Elke Krauß, favoritbüro München
Herstellung: Renate Hutt
Satz: booklab, München
Reproduktion: Medienprinzen, München
Druck und Bindung: Linovia, Lettland

Umwelthinweis:
Nachhaltigkeit ist uns sehr wichtig. Der Rohstoff Papier ist in der Buchproduktion hierfür von entscheidender Bedeutung. Daher ist dieses Buch auf PEFC-zertifiziertem Papier gedruckt. PEFC garantiert, dass ökologische, soziale und ökonomische Aspekte in der Verarbeitungskette unabhängig überwacht werden und lückenlos nachvollziehbar sind.

Wichtiger Hinweis:
Die Informationen in diesem Buch stellen die Erfahrungen und die Meinung der Autoren dar. Sie wurden von ihnen nach bestem Wissen erstellt und mit größtmöglicher Sorgfalt geprüft. Sie bieten jedoch keinen Ersatz für persönlichen kompetenten medizinischen Rat. Weder die Autoren noch der Verlag können für eventuelle Nachteile oder Schäden, die aus den im Buch gegebe nen praktischen Hinweisen resultieren, eine Haftung übernehmen.

GRÄFE UND UNZER
Ein Unternehmen der
GANSKE VERLAGSGRUPPE